實戰智慧館 521

真希望我20歲就懂的事

史丹佛大學的創新×創意×創業震撼課程

（暢銷經典全新擴增修訂版）

WHAT I WISH I KNEW WHEN I WAS 20:

A Crash Course on Making Your Place in the World,
10th Anniversary Edition

婷娜．希莉格（Tina Seelig）　著

齊若蘭、王心瑩　譯

獻給喬許

二十歲生日的

十週年快樂！

目錄

真希望我20歲就懂的事

史丹佛大學的創新×創意×創業震撼課程

新版推薦文

初版推薦文

前言

全新的範例和深入的觀察

婷娜．希莉格

非常感謝你拿起這本書。能夠與你分享《真希望我20歲就懂的事》的全新擴增修訂版，真是我的一大榮幸。

這本書的最早版本是在二〇〇九年春天發行，那一週是我兒子喬許的二十歲生日。隨著我們走到這本書的十週年，我再把整本書讀過一次。以全新的眼光體會書中字句真是一大樂事，而看出哪些概念和故事禁得起時間的考驗也非常有趣。大多數都可以；有些則必須更新。而且帶著十年來新增的經驗，我比起自己寫第一個版本時懂得更多了。

這個版本的架構類似最早的初版，加入一些全新的範例，取自我開課的班級，以及各種不同領域的創業人士。此外，我也收錄了許多全新的深入觀察，都是過去十年來的收穫。書中增添兩個章節，以便容納所有的全新素材。

總而言之，身為教師和這本書的作者，我的目標是作為一位「密探」，負責提出很多問題、述說很多故事、設定各種情境，最終引發了意想不到的深入觀察。在我的課堂上，希望每一位學生都能受到每一項體驗的潛移默化，都能因為書中的各種練習和概念而感受到更多的力量。這本書的目標自始至終都一樣。我希望讀過這本書以後，你會擁有一組豐富的工具，能夠看出自己周遭的各種機會，並好好掌握那些機會。

這個版本在喬許三十歲生日之際正式發行。我永遠感激他賦予我靈感而寫出這本書。我也非常感激多年來有幸一起學習的許多學生和同事。

請不用客氣，把你的感想告訴我。我很歡迎讀者的回饋，很期待聽到書中的哪些部分對你來說最有意義。可以透過tseelig@gmail.com或網站tinaseelig.com與我聯繫。你也可以追蹤我的推特@tseelig。

01

拍賣史丹佛學生

買一送二

如果你手上只有五美元和兩小時的時間，
你要如何賺到錢？
我在史丹佛大學上課時，
給學生出了這樣一個作業，
鼓勵他們充分發揮創業精神，努力發現商機，
挑戰既定假設，利用有限的資源以小搏大，盡情發揮創意。

如果你手上只有五美元和兩小時的時間，你要如何賺到錢？

我在史丹佛大學的設計學院[1]上第一堂課時，給班上學生出了這樣一個作業。規則很簡單，我把班上同學分為十四組，每一組都拿到一個信封，裡面裝著五美元的「種子基金」。我告訴同學，他們可以盡情花時間做周詳的規畫，不過一旦打開信封、拿出鈔票，就必須在兩小時內設法賺到錢，愈多愈好。完成作業的時間是從星期三下午到星期日晚上。到了星期日晚上，每一組都必須寄給我一張投影片，描述他們如何完成任務。然後到了星期一下午，每一組都有三分鐘的時間，向全班報告他們的做法。我鼓勵大家充分發揮創業精神，努力發現商機，挑戰既定假設，利用有限的資源以小搏大，盡情揮灑創意。

如果有人出了這樣一道難題給你，你會怎麼辦？

我對很多小組提出這個問題，通常有人會大聲嚷嚷：「到拉斯維加斯賭場試試手氣！」或「立刻買一張樂透彩！」引起哄堂大笑。這些人甘冒巨大的風險來換取賺大錢的微小機會。第二個最常聽到的建議是，先用五塊錢購買必要的材料，然後幫人家洗車或擺攤賣冷飲。對於只想在兩小時內把錢花掉、然後多賺幾塊錢的人而言，這個主意還不錯。但是大多數的學生最後會找到某種方法，比一般人的典型反應往前多跨好幾步，他們很認真看待這個挑戰，對傳統的既定假設提出質疑，尋找各種可能的機會，盡可能為這五塊錢創造更高的價值。

如何達到百分之四千的投資報酬率？

他們怎麼做呢？先給各位一點提示：賺到最多錢的小組，根本連這五塊錢都沒有花掉。他們領悟到，一直把焦點放在金錢上面，反而侷限了對問題的思考。他們明白，五塊錢根本沒什麼用，於是決定以更廣闊的角度重新詮釋問題：如果我們起步時根本一無所有，要怎麼樣賺到錢？

那些學生發揮觀察力，各展所長，大膽釋放創意，一起研究問題，包括親身經歷或看到別人經歷的問題，以及曾經觀察到卻從來不曾想要解決的問題；那些問題一直盤旋在腦海中，卻不一定是他們最關心的問題。最後，獲勝的團隊就藉由發掘那些問題、設法解決，最後賺進了六百多美元，而且各組投入的五美元資金，平均報酬率高達百分之四千！如果考慮到許多小組完全沒都有動用五美元的資金，他們的投資報酬率其實是無限大。

1 全名是史丹佛大學哈索普拉特納設計學院（The Hasso Plattner Institute of Design at Stanford），暱稱為設計學院。

那麼，他們到底做了哪些事情？

有一個小組點出了許多大學城普遍遭遇的問題：每到星期六晚上，熱門餐廳門口往往大排長龍，很難等到位子。他們決定幫助不想花時間排隊等候的人，於是兩人一組，分頭向好幾家餐廳預訂座位。用餐時間快到時，再把訂位「賣」給不想在長長隊伍中排隊的人，每筆訂位最多可以賣到二十美元！[2]

隨著夜幕漸漸低垂，學生觀察到幾個有趣的現象。第一，他們發現在推銷訂位時，女同學的表現比男同學好，或許是因為由年輕女性出面，顧客會覺得比較自在。於是他們調整策略，由男同學四處奔走，在不同的餐廳預訂座位，女同學則負責向排隊的人推銷訂位。他們也發現，有些餐廳會發震動式傳呼機給等位子的人，餐廳把位子準備好時，會以震動傳呼機的方式通知顧客，結果同學們在這類餐廳推銷得最好。當你親手把先訂位的傳呼機交給顧客時，顧客會覺得花錢換來的是實質的東西。他們付錢給你，以自己的傳呼機換取新的傳呼機，感覺很舒服自在。這樣做還有額外的好處：等到時間更晚一點，新換來的傳呼機訂位時間快到時，同學們又可以把它賣給更晚到的顧客，再賺一筆。

另一個小組的做法更簡單。他們在學生活動中心前面擺了一個攤位，免費替學生檢查自行車輪胎的胎壓，如果輪胎需要充氣，才外加一美元的充氣費。起先他們以為這樣做好像在占同學便宜，因為大學生去學校附近的加油站幫自行車打氣並不困難。但是服務了幾位顧客之後，發現單車騎士非常感激他們。即使單車騎士大可到附近免費充氣，學生提供這種服務也沒什麼了不起，但他們確實提供了方便又有價值的服務。事實上，兩小時的時間才過一半，學生就不再要求單車騎士付一塊錢充氣費，而是請他們自由捐獻，結果收入反而激增！一旦讓顧客自由酬謝他們提供的免費服務，賺的錢反而比要求顧客支付一定費用時還要多。他們一路上不斷實驗，根據顧客的反應，反覆微調自己的做法，讓自己的策略發揮最大的效益。

兩個小組的做法都帶來幾百美元的收入，班上同學也讚嘆不已。不過，真正獲利最高的冠軍隊伍，對於手上掌握的資源則抱持截然不同的看法，最後賺了六百五十美元。這組學生認為，他們最寶貴的資產既非五美元的鈔票，也不是用來完成作業的兩小時，而是星期一在課堂上發表口頭報告的三分鐘時間。他們決定把這三分鐘賣給一家想要到班上招募人才的公司，為那家公司製作了三分鐘的「廣告」，利用口頭報告的時間播放這支廣告。這個做法實在太聰明了！他們體認到，自己手上擁有無比珍貴的資產，正等

2 有些讀者在這本書的先前版本讀到這個例子，理解為幫別人排隊牟利是違法的。其實，現在有很多合法的公司提供這種餐廳預約網路服務。

待識貨者挖掘，而其他人根本沒有注意到這個寶物。

其他十一支團隊也各自想出了聰明的策略來賺錢，包括在史丹佛大學每年最盛大的維也納舞會上設置照相攤位、在家長日銷售標示了本地餐廳的地圖，以及販賣客製化的T恤給班上同學。有一個小組最後把錢都賠光了，因為他們未雨綢繆，預先買了一批雨傘，準備下雨時在舊金山賣傘，結果傘才買了沒多久，天氣就開始放晴。而你想的沒錯，的確有一個小組經營洗車生意，還有另外一個小組擺冷飲攤，不過他們的回收都低於平均值。

十支迴紋針的妙用

我認為，以教導學生體會創業心態而言，「五美元的挑戰」是一次成功的嘗試。但事情過後，我卻感到些微不安，我不希望到頭來只傳達了這樣的觀念：價值永遠都是透過財務報酬來衡量。所以，下一次出題目給學生當作業時，我稍微修改了一下。這次我沒有發五美元鈔票給各個小組，而是給他們一個信封，裡面裝了十支迴紋針。我告訴學生，接下來幾天，他們可以花四個小時盡量發揮十支迴紋針的最大「價值」，用自己所希望的方式來衡量價值。

我的靈感來自於凱爾．麥唐納（Kyle MacDonald）的故事，他從一支紅色迴紋針開始，與別人以物易物，最後換回來一棟房子！[3]他在部落格上徵求以物易物的對象，並且記錄整個過程。他花了一年的時間，一步步達到目標。他先用紅色迴紋針換了一枝魚形筆，然後用筆換門把，再用門把換回一個科曼牌（Coleman）戶外爐，以此類推。雖然物品的價值增長得很慢，但是經過一年的時間，換到的東西仍然愈來愈有價值，最後終於換到他夢想中的房子！想想看麥唐納把一支小小迴紋針發揮了多大的效益，我覺得我發給學生「十支」迴紋針實在太慷慨了。他們可以從星期四早上開始做作業，口頭報告時間則訂在接下來的星期二。

但是還不到星期六，我就覺得焦躁不安。也許這次玩得太過火了，我擔心作業會大大失敗，準備要好好記取這次教訓。結果我的擔憂完全是杞人憂天。班上學生共分為七個小組，每個小組都選擇以不同的方式來衡量「價值」。其中一個小組決定把迴紋針當成新貨幣，到處蒐集迴紋針。另外一組發現，當今世界紀錄中最長的迴紋針鏈超過三十五公里長，於是決定打破這項世界紀錄。他們召集了每個人的室友和朋友，向本地店家和企業推銷他們的計畫，最後上課時帶來了一長串全部串連在一起的迴紋針鏈，在

3 關於「一支紅色迴紋針計畫」的詳情，請參 QRCode 1。

QRCode 1

地上堆積如山。顯然他們的挑戰計畫打動了眾多的宿舍同學，甚至在作業完成以後，這群學生仍然致力於打破世界紀錄。（我很確定他們沒有打破世界紀錄，但這件事顯示出這組學生成功激發出巨大的能量。）

史丹佛的創業與創新課程

最令人拍案叫絕的一組在課堂上播放一支短片，背景音樂是刺耳的〈壞男孩〉（Bad Boys）這首歌，影片中可以看見他們用迴紋針挑開門鎖，闖入別人的寢室，偷竊了價值數萬美元的太陽眼鏡、手機和電腦。就在我嚇得快暈過去的時候，他們宣布這支片子純屬玩笑，然後播放了另外一支影片，顯示他們真正做了什麼事。他們拿迴紋針換來一塊海報板，然後在附近的購物中心擺攤，攤位上豎著一塊招牌，上面寫著「拍賣史丹佛學生：買一送二」。顧客開出各種價碼，令他們目瞪口呆。起先是到商場購物的人請他們搬很重的購物袋，然後他們替服裝店把資源回收物搬到外面，最後還臨時召開了一次腦力激盪會議，協助一位女士解決生意上的問題，得到的酬勞是她不再需要的三台電腦螢幕。

多年來，我一直出類似的作業給班上學生，發給他們的創業資本則不斷改變，從迴紋針、便利貼、橡皮筋、水瓶到不成雙的襪子都有。事實上，我從來不曾給他們同樣的挑戰題目，畢竟我也不想受到先前答案的制約。每一次學生利用有限的時間和資源達到的成就，都為我們彼此帶來很大的驚喜。比方說，學生利用一小包便利貼做到的事情，包括合作創作音樂、推廣心臟病相關知識、完成關於節能的公益廣告等（稱為「拔掉插頭」）。

課堂上的練習後來演變成「創新大賽」（Innovation Tournament），有來自世界各地的幾百支隊伍參與競賽。[4]參賽選手透過競賽，以全新的眼光看待世界，並從自家後院發掘出嶄新的機會。他們挑戰傳統的既定假設，無中生有，創造出龐大的價值。從便利貼起步的那次競賽過程，後來還拍成影片，發展成一部叫《想像一下！》（*Imagine It!*）的紀錄片。

以上我描述的一些練習，突顯出好幾個違反直覺的特點。第一，到處都充滿機會。無論何時何地，你環顧四周，都可以找到很多需要解決的問題。有些是很平凡的問題，例如訂到熱門餐廳的位子或替自行車輪胎打氣；有些則是和重大世界議題相關的大問

4 關於「全球創新大賽」（Global Innovation Tournament），請參 QRCode 2。

QRCode 2

題。我們學到的一課是：大多數的問題都是好機會，而問題愈大，機會也愈大。[5]

第二，大多數人看到問題，都覺得那是無法解決的問題，因此即使眼前就有極富創意的解決方案，他們仍然視而不見。然而，無論問題的規模有多大，通常都可以想出有創意的方式，利用你手邊既有的資源來解決問題。事實上，我的很多同事就是如此定義「創業精神」：創業家隨時都在尋找可以轉變為機會的問題，並且以深具創意的方式，善用有限的資源來達成目標。

第三，我們通常把問題緊緊侷限在既定的框架中。面對簡單的挑戰時，例如在兩小時內賺到錢，大多數人都立刻以標準模式因應，而不是退後一步，以更宏觀的角度來看問題。其實只要拿掉眼罩，就能看到眼前的世界充滿各種機會。參與我這些課堂練習的學生，都把這個教訓謹記在心。許多人事後反省都表示，他們從此再也沒有任何藉口讓自己走上破產的困境，因為等待解決的問題俯拾皆是。

這些作業後來發展成我在史丹佛大學教的一門創業與創新課程。這門課最重要的目標，是要證明我們可以把所有的問題都看成一種機會，用極富創意的方式去解決問題。我最初把焦點放在個人的創造力，接著探討團隊的創造力，最後開始研究大型組織的創造力和創新能力。我先給學生小小的挑戰，再慢慢丟一些比較困難的問題給他們。學生愈來愈習慣探索各種可能性，透過這樣的眼光來看待問題，並願意面對橫亙其中的一切困難。

培養T型人

我在史丹佛大學工學院主持「史丹佛科技創業計畫」（Stanford Technology Ventures Program, STVP）[6]已經有二十年。我們的使命是培養科學家和工程師的創業精神，提供他們必需的工具，讓他們無論扮演何種角色都能展現創業精神。我們和全世界愈來愈多的大學一樣，相信學生只接受純粹的技術教育已經不夠，他們如果想要成功就必須了解，無論在什麼樣的工作環境中、無論在人生的哪一個階段，他們應該如何成為充滿創業精神的領導人。如同我在「史丹佛科技創業計畫」的夥伴湯姆・拜爾斯（Tom Byers）剛開始說的：「創業精神就像是一隻特洛伊的木馬，教導廣泛的各種技巧，與所有背景都相關。」

5 印度企業家維諾德・柯斯拉（Vinod Khosla）談到把問題轉變成機會的影片，〈所有的大問題都是大好機會〉（Any Big Problem Is a Big Opportunity），請參 QRCode 3。

6 「史丹佛科技創業計畫」是由史丹佛工學院的管理科學與工程學系主辦，請參 QRCode 4。

QRCode 4

QRCode 3

「史丹佛科技創業計畫」把重點放在教學、學術研究，並延伸到世界各地的學生、教師和企業家。我們努力培養「T型人」，即至少具備一個領域的深度知識，同時又有廣博的其他知識和技術，能和各個領域的專業人士合作無間、實現構想。從每天面對的小小挑戰，乃至於需要全球共同關注解決的重大危機，無論他們扮演什麼角色，解決問題的關鍵都在於他們所抱持的創業心態。事實上，創業精神需要廣泛的各種技巧，包括領導力、建立團隊的能力，以及談判、創新和決策的能力。

我也在史丹佛大學的哈索普萊特納設計學院教書，大家對這裡的暱稱是「設計學院」。這個跨領域的學院網羅了許多教師，來自工學院、醫學院、商學院和教育學院等不同領域。這個學院是由史丹佛的機械工程學教授大衛．凱利（David Kelly）所創設，他也是著名設計公司IDEO的創辦人，以能夠設計出極端創新的產品和經驗而聞名。設計學院的所有課程都由至少兩個不同領域的教授負責講課，涵蓋無窮無盡的各種主題，包括設計超低廉的產品、發起深具感染力的行動，乃至於為行動敏捷的老人家設計產品。身為設計學院教師群的一員，我們對學生和自己提出了龐大複雜的問題，可能有不只一種答案，而與學生一起動腦解決時，我體驗到熱烈通力合作、狂熱腦力激盪和快速設計原型的興奮心情。

這本書的許多故事出自我們史丹佛的課堂，還有我過去作為科學家、創業家、管理顧問、教師和作家所累積的經驗。其他一些故事則出自其他創業家、發明家、藝術家和學者各式各樣廣泛的經驗。我很幸運，周遭有許多人曾經挑戰傳統既定的假設而達到卓越的成就，他們渴望與別人分享自己的成功故事和失敗經驗。

現實人生是可以翻書的考試

本書呈現的許多構想，與傳統教育體制教導我們的觀念可說是天差地別。事實上，學校採用的規則經常與外面世界的遊戲規則截然不同。等到我們踏出校門、嘗試走出自己的路時，這樣的落差往往帶給我們極大的壓力。要輕鬆跨越這道鴻溝、克服現實世界的挑戰，實在是很不容易，但若有適當的工具和正確的心態，這是有辦法做到的。

舉例來說，學校通常會評估學生的個別表現，以曲線分布方式來評分。簡單來說，有些學生贏了，其他學生就輸了。這種評分方式不但製造緊張，也不符合大多數組織的運作方式。踏出校門後，大多數人通常會參與團隊運作，大家有共同的目標，有些人成功了，其他每一個人也跟著成功。事實上在企業界，大團隊之中通常還有小團隊，每個階層的目標是讓每個人都成功。

然而在典型的教室裡，教師認為自己的職責是把資訊灌輸到學生腦子裡。教室緊閉大門，座位固定在地板上，學生面對著教師，小心翼翼抄寫筆記，因為知道以後老師會考這些東西。他們的回家功課是閱讀老師指定的課本章節，默默吸收成為自己的東西。但大學畢業後的世界截然不同，你必須當自己的老師，你究竟需要知道什麼、去哪裡找資訊、如何吸收這些資訊，全都要靠自己。事實上，現實人生是一場可以翻閱書本的考試，你要解決的是開放式的問題，與工作、家庭、朋友及整個世界息息相關，而所有的門都是敞開的，每個人都能運用周遭無窮盡的資源。智利大學著名教授卡洛斯・維格諾羅（Carlos Vignolo）告訴我，他鼓勵學生選修學校裡教得最爛的老師，因為這樣可以幫助他們為現實人生做好準備；在人生道路上，你可不會永遠都有良師在前面指引方向。

除此之外，在學校裡的大班級上課時，考試通常只考選擇題，每個問題都有正確答案，學生必須用二號鉛筆在答案卡上小心翼翼塗滿空格，於是容易批改。校園以外的世界則恰好相反，大部分的狀況是每個問題都有一大堆答案，而且往往許多答案都算正確答案。

可惜，全世界的學校都有上述的狀況。我最近收到一位南韓年輕人的來信，看了令人不安。她的老師說她的選擇題考試答錯了，而她想要質疑那個答案。於是，她寫信給我，希望尋求協助。

問題出在哪裡呢？她的老師指定課本的一段內容，要從一些最瘋狂的點子看出可能的發展潛力。學生必須閱讀那段內容，回答一個選擇題，表示他們讀懂那個段落。然而看了那個題目的表達方式，連我都不知道要怎麼答題。問題的設計方式似乎是要讓學生搞糊塗，而且顯然無法檢驗出學生是否了解那個段落的意思。我回信給那個學生，表達我對那個題目的看法，向她說明那是個很狡猾的題目。那個題目完全能說明「可以用數字來衡量的事情不是每一件都重要，也不是每一件重要的事都可以用數字來衡量」。[7]

這個世界充滿各式各樣的選擇，而很多非常重要的事，像是愛情、道德和創造力，無法用數字來簡單衡量，也沒有單獨一個正確的答案能讓你得到清楚明瞭的回應。雖然家人、朋友和老師都很樂意提供中肯的意見，告訴我們該怎麼做比較好，但最後選擇方向的重任仍然落在我們自己身上。其實不需要第一次就走對路。人生通常有很多機會可以做各種實驗，你大可用出人意表的全新方式，重新組合自己的各種技能和熱情。

而更重要的是，現實人生容許失敗。事實上，失敗是人生學習過程中很重要的一課。正如同演化是一連串反覆摸索的實驗，人生也充滿了起跑失誤和不可避免的跌跌撞撞。我們沒有人是第一次嘗試走路就成功，也沒有人第一次試騎腳踏車就能上路。那

7 引自社會學家威廉．布魯斯．卡麥隆（William Bruce Cameron）的著作《非正式社會學》（*Informal Sociology: A Casual Introduction to Sociological Thinking*），一九六三年出版。

麼，為何要期待學生和成年人第一次嘗試複雜的任務就成功呢？成功的關鍵就在於你能否從經驗中記取教訓，帶著新知識重新出發，繼續前行。

接下來的章節要向你提出挑戰，請你用全新的眼光看待自己、看待世界。這些概念都很簡單易懂，卻不見得光憑直覺就能得知。我把教學重心放在創新和創業精神，因此有很多第一手的觀察，深知對於在動態環境中工作的所有人而言，這些概念是很重要的，因為情勢瞬息萬變，你必須懂得掌握機會，認清優先順序，從失敗中學習。此外，對於想要把人生的價值發揮得淋漓盡致的人而言，這些觀念也是非常寶貴。

基本上，我想要為你提供一些新方法，於是你規畫未來的道路時，能透過新的眼光來檢視每天面對的種種困難。此外，我希望你能允許自己勇敢質疑傳統的智慧，重新檢討周遭的各種規則。在人生的每個轉折點，總是會面對種種不確定，但是學習到別人如何因應這些意義不明確的類似情況後，你會變得很有自信，能夠化緊張為興奮，把你面對的種種挑戰轉變為大好機會。

02

打造自己的太陽馬戲團

擁抱問題，打破框架

我播放電影《馬戲團》的片段，
請學生找出關於傳統馬戲團的種種假設：
大帳篷、動物表演、便宜的票價、大聲叫賣、爆米花、火圈等等。
接下來，我要他們顛覆所有假設，想像完全相反的情況。
結果就出現一種新型態的馬戲團：太陽馬戲團！

為什麼在日常生活中，大多數人都不會把問題看成機會？為什麼前面提到的各組學生非得等到老師出作業之後，才會努力發揮想像力、超越自己的極限呢？

基本上，從來沒有人教我們敞開心胸、擁抱問題；我們學到的都是如何避免問題，或者只學會抱怨問題。其實我曾在某個研討會對企業主管演講的時候，播放了「創新大賽」影片的部分片段；那天下午，有一位大公司的執行長對我感嘆，他真希望能重返校園，接受老師出的各種開放式問題，挑戰自己的創造力。我疑惑地看著他。我相當確定，他在現實生活中面對每天的挑戰時，一定能從創造性思考得到收穫，可惜他不明白這些概念早就與他的日常生活及企業經營息息相關，還以為我的作業只能在控制精準的學術環境中才能完成。當然，實際上完全不是這麼一回事，也不應該如此。

顛覆傳統假設：掌上型電腦的發展故事

我們每一天都能向自己提出挑戰，也理應如此。也就是說，我們可以選擇用充滿各種可能性的眼光來看待這個世界。接受更多問題的挑戰，就會累積更多的自信和專業來解決問題，也更能把所有的問題視為無窮的機會。

以下完全是我個人的例子。最近有一天，我非常早起床，預計要完成那天早上發表演講的最後準備工作。清晨五點半，天色昏暗，幾乎伸手不見五指。我盡可能不發出聲音，偷偷溜下床，走向臥室門口……砰！我的腳趾頭踢到東西。

爆痛的感覺傳遍全身，我的挫折感也一樣。我本來打算為那天的演講進行最後的準備工作，而現在，我只能花時間冰敷腳趾頭。我一跛一拐地下樓走進廚房，找到一包冰凍的豆子。我冰敷著腳趾頭，眼看它已經變成可愛的紫色，這時我先生走進來。他轉身面對我，正色說道：「記住，每一個問題都是一種好機會。」對啦，我經常把這番話掛在嘴邊，但是以眼前的情況來說，一點都不好笑。很明顯，這根本不是什麼好機會！

然而幾分鐘後，我開始想：「好吧，我要怎麼把撞傷的腳趾頭變成一種機會？」我專注想著，突然冒出一個點子，在腦中逐漸成形。我準備找到一個方法，把這個點子插入那天的演講裡。於是，以下是我的演講內容：

我演講時通常不會穿運動鞋，不過今天早上我嚴重撞傷腳趾頭。發生這樣的意外，不只讓我有藉口穿上比較舒適的鞋子，也鼓勵我好好思考，是不是有什麼樣的機會隱藏在顯而易見的表象之下。其實很多蓬勃發展的公司也是這樣的好例子，從痛苦的挫折中找到機會而成長茁壯。創業家就該如此！在別人眼中是問題，他們則是從中看出機會。「Slack」，這個非常成功的訊息傳送平台，其實是從一家失敗的遊戲公司蛻變而來。

雖然遊戲本身沒能流行起來，但是與遊戲結合的傳訊工具卻風行一時。同樣的情形也發生在Instagram身上，它是從一家失敗的網路應用程式公司蛻變而來。創辦人凱文．斯特羅姆（Kevin Systrom）和邁克．克里格（Mike Krieger）最初開發的產品是「Burbn」，初衷是要協助朋友們聯繫，後來將之拋開，傾注全力研發分享照片的功能，然後放進原本的應用程式裡。對我來說，撞傷的腳趾頭是一種深刻又強烈的提醒，而害你跌倒的坑洞也可能顯現出某種可能性，需要好好研究一番。

接著，我開始講述先前準備好的演講內容，談到你要讓自己看出機會、抓緊機會，能夠抱持這樣的態度是很重要的。沒想到，開場的故事讓演講會場的氣氛變得很活絡，也讓我充滿活力。那變成一個引子，整場演講中我不時回頭提起那個故事，有助於與觀眾建立起融洽的關係。這當中傳達一個重要的訊息：你的「態度」是決定成就高低的最重要因素，而且只有你自己能控制你的態度。真正的創新者，可以在非常艱困的情境中看出解決問題的方法。

傑夫．霍金斯（Jeff Hawkins）就是很好的例子。剛開始創業時，他開了「掌上型電腦」（Palm Computing）公司，反覆思考人們如何把複雜的生活內容整理得井然有序；後來他轉移重心，徹底改變我們對大腦運作方式的理解。在發展個人電腦的早期時代，霍金斯熱中的問題是創造出手持的裝置，讓一般大眾容易使用。這是個遠大的目標，需要對科技和潛在的使用者都有深刻的了解。在開發過程中，他面臨無數的挑戰，他也承認身為創業家，就表示會不斷面臨各種重大的問題，於是要找出有創意的方法來克服問題。

霍金斯從一開始就遭遇許多挑戰。公司推出的第一個產品「Zoomer」一敗塗地，但霍金斯並沒有被失敗擊倒，他和團隊打電話給每一位購買產品的顧客，也打電話給購買競爭對手產品（蘋果公司的「Newton」，同樣是失敗的產品）的許多顧客，詢問他們原本期望產品能發揮什麼效能。顧客表示，他們希望產品能把複雜的行程表整理得井然有序。霍金斯因此領悟到，Zoomer的競爭對手並非其他電腦產品，而是紙本行事曆。顧客的回應令人驚訝，與他原本的假設大相逕庭，而這提供了有用的資訊，讓他設計出非常成功的下一代產品，也就是「PalmPilot」。

邁向成功的道路一點也不簡單，霍金斯和他的團隊有很多次都打算放棄。但他們知道，富含創意的過程本來就會充滿挑戰，問題冒出來時，他們都做好心理準備。

事實上，霍金斯還擔心過程會太順利，他知道一定會有某個問題躲在角落裡。等到他開了第二家公司「Handspring」，一切都水到渠成了，準備發表「Visor」的最初機種，這是一種新型的個人數位助理。但霍金斯繼續警告他的團隊，可能會有某種問題冒出來。果然沒錯！

他們的第一個產品才上市沒幾天，就已經寄出大約十萬件貨品。這真是了不起的大成功！然而在過程中，整個付款和貨運系統崩潰了。有些顧客沒收到產品，其他人收到的貨品則比預訂的數量多了三、四倍。真是一場大災難，特別是一家新公司正準備要建立自己商譽的時候。那麼，他們如何處理問題呢？整個團隊，包括霍金斯本人，每個人都親上火線，打電話給每一位顧客。他們向每個人詢問訂單內容、有沒有收到產品，以及是否支付正確款項。如果有不正確的地方，公司立刻當場更正。霍金斯早就知道一定有什麼地方會出錯，只是不確定會出什麼錯。他由經驗得知，出問題是不可避免的，而成功的關鍵不是躲開每一顆子彈，而是很快就能重新回到正軌。

霍金斯現在的公司是「Numenta」，正面迎向一個巨大的挑戰。他花了好幾年自修神經科學，企圖了解人類究竟如何思考。霍金斯從他的廣泛研究出發，發展出一項令人興奮的全新理論，探討大腦的新皮質如何處理資訊，他在自己的著作《創智慧》（*On Intelligence*）對此做了描述。有了這些理論在手，霍金斯以他的構想為基礎，打造出「更聰明」的電腦，能像人腦一樣處理資訊。他開創了那麼多的冒險事業，經常冒出許多問題，而他都有所準備，隨時處理和解決。

當然，你可以說霍金斯原本就是獨一無二的人，不是每個人都能發展出革命性的理論和開創性的發明。然而，比較積極的心態是把霍金斯看成鼓舞人心的力量，他證明了只要願意從不同角度看待問題，就一定可以解決問題。

小小橡皮圈的巨大威力

有一項出自「創新大賽」的企畫案，為我們清楚說明如何把問題轉變成機會。參賽者面對的挑戰是：為橡皮圈創造最大的價值。其中一組想到「行動手環」的點子，用簡單的方法鼓勵人們「動起來」，把經常拖拖拉拉的事情好好做完。行動手環是個聰明的點子，靈感來自於戴在手上的橡皮手環，那曾經很流行，顯示你對某個因素的堅定信念。行動手環有幾個基本使用原則：

- 把手環戴在手腕上，承諾要完成某件事。
- 完成目標之後取下手環。
- 把你的成功事蹟上傳到行動手環的網站。每個行動手環都印有一個號碼，你可以在網站上看到這個手環所激勵的所有行動。
- 把行動手環傳給其他人。

行動手環給人們一個動機，去做他們一直都想做的事。實際上，行動手環只是一個橡皮圈，但有時候只需要橡皮圈這麼簡單的東西，就可以促使人們動起來，實際去完成一件事，在耍廢和行動之間搭起橋梁。行動手環計畫只進行了幾天，卻在短時間內引發了一連串的行動：有些人打電話給他們的媽媽，有些人寄出感謝函向別人表達感激，還有人展開新的運動計畫。有一位參與者把行動手環當做動力，舉辦了夏令營；另外一個人深受鼓舞，開始聯絡久無音訊的朋友；還有人開始捐錢給慈善機構。這真是太美妙了，只需要一個小小的橡皮圈，就可以推動人們展開行動。這也是很好的提醒，告訴我們在「做」與「不做」之間，其實只相隔了很短的距離，但是兩種選擇帶來截然不同的結果。

英國游泳選手李維・皮尤（Lewis Pugh）是環境保護人士，他曾經泳渡北極，藉此喚起大家注意我們地球面對的一些議題，他曾懇切地說：「你與另一個完全不同的人生，永遠只相隔了一個決定的距離。」

在我的創意課上，我給學生一個簡單的挑戰，作業的設計是讓學生嘗試從全新的觀點去看待生活中的種種阻礙。我要求學生先找出自己面對的一個問題，然後在周遭環境中隨意挑選一項物品，再想辦法利用那個物品幫助他們解決問題。當然，我完全不知道他們面對什麼樣的個人挑戰，也不曉得他們會挑選什麼物品。然而在大多數情況下，他們都設法運用自己隨意挑選的物品，解決了看似完全不相干的問題。請學生選擇物品，就像是允許他們用不同的角度看待問題，鼓勵他們找到解決方案。

我最喜歡舉的例子是一位準備搬家的年輕女生，她必須把某件大型家具從目前的公寓搬到另外一棟公寓，但完全不曉得該怎麼搬。如果不把家具搬走，就得把它留在舊公寓。她環顧四周，看到一箱葡萄酒，是幾個星期前開派對時留下來的。啊哈！她點進社群布告欄網站「Craigslist」，提議用這箱葡萄酒交換一次搭便車的機會，把家具運到舊金山大橋另一端的新公寓。結果在幾個小時內，她的家具就搬好了！她把原本躺在角落裡積灰塵的一箱葡萄酒，轉變成有價值的通貨。這份作業激發了那個學生的能力和行動力，讓她看出自己的問題是可以解決的。

無論是哪一種形式的問題，你都有辦法克服。事實上，「創新大賽」的大多數作品都是為了創造「社會價值」而精心設計。也就是說，學生把競賽當成解決重大社會問題的機會，例如節省能源、鼓勵人們注意健康，或者協助身心障礙兒童等等。

「視而不見」的盲點

要解決重大問題，第一步是釐清問題，產品設計界稱之為「發現需求」，這是一種可以學習的技能。事實上，這是史丹佛的「醫療器材創新研發計畫」（Biodesign program）課程的重要元素。[8]主修工程學、醫學和商學的研究生共同修讀一年的課程，找出醫學方面的重要需求，然後設計產品來因應這些需求。計畫主持人是心臟科醫師、發明家和創業家保羅・約克（Paul Yock）。約克認為，把需求清楚描繪出來，正是一項發明的DNA。換句話說，如果能夠清楚界定問題，合理的解決方案自然而然就會浮現出來。這呼應了愛因斯坦說過的一句話：「如果我有一個小時可以用來解決問題，而解決問題對我的生活很重要，那麼我會把前面的五十五分鐘用來擬定適當的問題，等我知道適當的問題是什麼，就可以在五分鐘之內解決它。」

醫療器材的創新研發人才會花三個月的時間在醫師身邊跟診，確認醫師碰到的問題。他們仔細觀察，與醫師、護理師、病人和行政人員等所有相關人士談話，然後思考有哪些地方可以改善。他們列出一長串清單，上面有幾百項需求，然後刪減成十幾項，目標是挑出其中最重大的問題。大家對問題取得共識後，就開始為各種解決方案進行設計，很快把產品原型做出來。經過集中火力反覆修正後，他們向相關人士發表新產品的概念，看看產品是否成功滿足需求。

有趣的是，在很多案例中，第一線的醫療工作人員對於每天碰到的問題習以為常，要不是對問題視若無睹，就是無法想像能夠找到徹底改革的做法來解決問題。

約克曾經跟我們分享氣球擴張術（balloon angioplasty）的發展經過，這個技術是將氣球放進動脈血管裡，讓血管擴張，藉此打通阻塞的動脈。有這項突破性的發明之前，大多數的心臟科醫師認為，要處理動脈阻塞，唯一的辦法是做動脈繞道手術，拿掉受損的血管，但繞道手術需要進行風險較高的開心手術。氣球擴張術則是風險較低的非侵入式手術，然而剛推出時，立刻面臨醫界巨大的質疑聲浪和阻力，尤其是「最懂得」治療動脈阻塞的外科醫師反對最力。開路先鋒的面前橫亙著重重路障。舉例來說，氣球擴張術的發明人之一約翰・辛普森（John Simpson）因此不得不離開大學，到私立醫院做研究。但經過一段時間後，氣球擴張術建立了穩定的醫療效果，成為大多數動脈阻塞病患的標準治療程序。這是個絕佳的例子，讓我們看到現狀可以鞏固得多麼牢固，造成當局者迷，無法想像任何不一樣的做法。

這種「對問題視而不見」的現象，也適用於消費產品的開發過程。比方說，自動櫃員機（ATM）最初開發時，其實沒有通過焦點團體的測試。當時他們問一組潛在的顧

8 史丹佛拜耳中心的「醫療器材創新研發計畫」相關資訊，請參QRCode 5。從二〇〇八年起，台灣為了培育高階醫療器材跨領域人才，也與史丹佛大學合作，參考BioDesign 的課程設計，推動「台灣—史丹佛醫療器材產品設計人才培訓計畫」，在台灣甄選出由工程、醫學、生命科學、商務管理等不同領域人才所組成之跨領域團隊，至史丹佛大學接受心血管科技相關高階醫療產品設計及商業化運用的實務訓練。期望由不同領域之專業角度，促成創意的改良設計，並尋求創業機會。

QRCode 5

客，願不願意使用機器在銀行帳戶存錢和領錢，而不是親自到銀行請櫃檯人員辦理。這些顧客無法想像用這麼戲劇化的方式改變自己的行為。但事後回顧發現，自動櫃員機其實有效翻新和改善個人金融業務，今天我們很難想像沒有自動櫃員機該怎麼辦。

我自己也犯過同樣的毛病。大約二十五年前，外子麥克送給我一支手機，那時手機還不像現在這麼普遍，我根本不認為自己需要用手機。事實上，我還因此覺得很煩惱，覺得手上又多一個用不著的電子裝置。麥克鼓勵我試用一個星期，但我只用了兩天，就知道離不開這支手機了。我每天至少開車兩個小時，因此可以在通勤途中隨時和朋友及同事聯絡。我回過頭來誠心感謝麥克送我這個禮物，現在每當看到可能是突破性的新構想時，我總是把這個故事牢記在心。

為顧客的需求填補落差

發現需求的關鍵在於確認落差，並且填補落差；也就是說，尋找顧客使用產品的落差、現有服務的落差，以及在調查顧客行為的過程中，從他們訴說的故事所看到的落差。麥可・巴瑞（Michael Barry）是「發現需求」這方面的專家，他在我們的課堂上講了一個精采的故事，是關於他和金百利克拉克公司（Kimberly-Clark）合作的經驗，這家公司生產舒潔（Kleenex）、可麗舒（Scott）紙巾和好奇（Huggies）紙尿褲等。基本上，金百利克拉克公司對於好奇紙尿褲的銷售業績很不滿意，遠遠落後紙尿褲界的一些大公司，像是寶鹼公司（Procter & Gamble）的幫寶適紙尿褲（Pampers）。因此，他們引進巴瑞的團隊，協助釐清可以怎麼改善商業模式。

巴瑞仔細觀察紙尿褲的銷售過程，評估紙尿褲的包裝所傳遞的訊息，並訪談許多父母，他明白金百利克拉克公司把重點搞錯了：他們賣尿片時，把尿片說得好像是「處理有害廢棄物的裝置」。但父母的想法並非如此。對為人父母者而言，紙尿褲是讓孩子保持舒適的方法，處理尿片是養兒育女的必經過程，他們把紙尿褲視為孩子穿著的一部分。對於改善「好奇」紙尿褲的包裝和定位，這些觀察提供了很棒的著眼點。

後來經過更密切的觀察，巴瑞發現更大的機會。他注意到，每當有人問父母，小寶寶「是不是還在包尿片」時，他們都覺得很尷尬。賓果！訓練上廁所對父母和小孩而言都是很痛苦的關卡，一定要想辦法改變這種狀況。怎麼樣才能讓紙尿褲成為成功的象徵，而不是失敗？於是，巴瑞想出「廁所訓練褲」（Pull-Up）的點子，介於尿褲和內褲之間。從包尿片轉換到訓練褲，對父母和孩子而言都是一項重要的里程碑。小孩無須大人幫忙就可以自己穿上訓練褲，達到這樣的成就，他們感到很自豪。巴瑞的這項洞見，每年為金百利克拉克公司增加十億美元的營收，大幅領先競爭對手。這項新產品之所以誕生，正是靠著集中心力發現需求、清楚界定問題，並且把問題轉化為機會。

沒有動物和小丑的馬戲團

在我的課程裡，我運用哈佛大學研究「太陽馬戲團」（Cirque du Soleil）的案例，讓學生有機會練習挑戰既定的假設。[9]故事背景是一九八〇年代，當時馬戲團產業深陷泥沼，表演內容一成不變、毫無新意，顧客逐漸流失，連馬戲團對待動物的方式都遭到外界抨擊。當時似乎不是創立馬戲團的好時機，但加拿大街頭藝人蓋伊・拉里貝特（Guy Laliberté）卻執意要做。拉里貝特成立的「太陽馬戲團」挑戰了傳統馬戲團的所有既定假設，把問題（一個衰敗的行業）轉變為機會。

我先在課堂上播放一九三九年馬克斯兄弟（Marx Brothers）[10]的電影《馬戲團》（*At the Circus*）的片段，請學生找出傳統馬戲團的種種設定：大帳篷、動物表演、票價便宜、大聲叫賣紀念品、幾個節目同時進行、歡樂的音樂、小丑、爆米花、大力士、火圈等。接下來，我要他們顛覆所有的設定，想像與以上每一件事情完全相反的情況。比方說，新的清單上可能包括固定的建築物、沒有動物表演、票價昂貴、沒人大聲叫賣、同一時間只演出一個節目、精緻的音樂，也沒有小丑或爆米花。然後，學生可以選擇他們想保留的傳統，以及希望改變的項目。

結果出現一種新型態的馬戲團，很類似太陽馬戲團。然後我再播放太陽馬戲團最近的表演片段，他們可以看到這些改變帶來的影響。最重要的是，他們看出像這樣解開束縛、挑戰原本的設定，結果有可能出現全新類型的馬戲團，比較符合現代觀眾的喜好。這個例子能夠說明著名的玲玲馬戲團（Ringling Bros. and Barnum & Bailey Circus）為何在二〇一七年破產倒閉，他們創立於一八七一年，在廣告上向來宣稱是「地球上最偉大的表演秀」。玲玲馬戲團認為不需要重新創造自我價值，而在此同時，太陽馬戲團勇於挑戰既有馬戲團的傳統設定，因此能夠成長茁壯。

針對馬戲團產業進行這樣的練習後，要把同樣的做法應用到其他產業和機構就容易多了，無論要改造的是速食餐廳、旅館、航空公司、體育活動、教育，甚至追女朋友的方法和婚姻都一樣。只要你抓住竅門，這項練習就變得很簡單，你甚至可以用它來重新

9 這個包含兩部分的案例研究，可透過「個案中心」（Case Centre）這家英國的非營利公司查閱到。兩個案例的標題分別為〈馬戲團工業的演化〉（The Evolution of the Circus Industry）和〈連小丑都辦得到：太陽馬戲團重新創造現場娛樂表演〉（Even a Clown Can Do It: Cirque du Soleil Re-creates Live Entertainment），作者為W. Chan Kim、Renée Mauborgne、Ben M. Bensaou，和Matt Williamson。

10 馬克斯兄弟是二十世紀上半葉活躍於美國影劇界的喜劇團體。

評估自己的生活和生涯發展。重點是要花時間確認自己原本的每一個設定，通常這是最困難的部分，因為正如剛才在氣球擴張術的例子中所說，有時候這些設定已融入我們的世界觀，很難客觀看待。不過只要透過一點點練習，這會變成有用的方法，幫助你用全新的眼光看待各種可能的選擇。

我的同事瑞奇．布拉登（Rich Braden）有好幾年與我一起教學，他最近規畫婚禮時，決定用上這項練習的方法。他和未婚妻列出傳統婚禮的大約五十個預設項目，包括婚戒、正式禮服、新娘白紗、婚禮誓言、華麗的蛋糕、專業攝影師、樂團與DJ、親吻新娘等等。接著，他們選擇保留一些原本的設定，其他則有所變更，打造出最適合他們的一場慶祝活動。

這樣的練習可用在所有方面！史丹佛山脈營地（Stanford Sierra Camp）[11]位於太浩湖（Lake Tahoe）附近，有很多年都由摩根．馬歇爾（Morgan Marshall）負責那裡的管理工作。他決定徹底改變整個工作程序，把大家最討厭的工作變成最愛的工作。你可以想像得到，每一位職員都很討厭清洗整個營區的碗盤，但馬歇爾把洗碗變成最令人垂涎的工作。負責洗碗的人可以挑選廚房裡播放的音樂，精心製作陪伴洗碗的播放清單，還可以想出一個扮裝主題。我看過大家打扮成仙子、迪斯可舞者和牛仔，基本上他們把洗碗轉變成一場派對。此外，工作人員經常聚在一起，用愈來愈有效率的方式達成目標、完成工作。最後大家訂出一個方針，廚房不是誰的工作，而是每個人的工作，所以需要的話，每個人都來廚房哈啦聊天，加入派對的行列。沒想到，工作人員都熱切期盼沾滿肥皂泡泡的時間。

大膽迎向未知的領域

有些人特別擅長發現問題、挑戰既定的假設。有些問題看似不可能解決，為了找出解決方案，即使有各種合理和可能的限制，他們也會提出質疑。他們在特別的地點展開新生活，承擔重責大任，做出看似極端的選擇，開拓出通往未知領域的新道路。

不妨看看安妮．沃西基（Anne Wojcicki）的例子，她是「23andMe」這家基因技術公司的創辦人。她對一大堆傳統假設提出挑戰，對於誰可以使用每一個人的遺傳資訊提出質疑，而經過多年努力之後，最終讓「23andMe」公司提供直接面對消費者的遺傳檢測。這需要挑戰政府的相關規定，挑戰原本的遺傳檢測方法，並挑戰消費者認為他們自己的遺傳資訊所擁有的價值。

---

11 史丹佛山脈營地位於太浩湖南側的落葉湖（Fallen Leaf Lake）湖畔，提供校友聚會和舉辦各式會議。

或者看看萊拉·賈納（Leila Janah）的例子，她是「公平資源」（Samasource）[12]這家數據處理公司的執行長。賈納質疑我們對發展中國家人民提供資源的方式，她希望是給他們工作，而非施捨捐贈物資。她不把窮人視為慈善團體的施捨對象，而是規畫出一些方法，讓他們以工作來維持自己和家人的生計。

或是像派屈克·布朗（Patrick Brown），「不可能食品」（Impossible Foods）的創辦人和執行長，這家公司以植物原料製作肉類產品的替代品。他對於人們總想吃動物肉類的既定想法提出挑戰。他體認到，人們吃肉並非因為想要殺死動物，而是對於需要殺死動物這件事視而不見。他的「不可能食品」這家公司逆向操作，不製造肉類產品，而是創造出肉類的替代品，完全以植物原料來製作，與碎肉難以分辨。

在史丹佛科技創業計畫的「創業思維領袖」（Entrepreneurial Thought Leaders）[13]系列課程中，我們每週都舉出很多像這樣挑戰既定假設的故事。在每個案例裡，這些企業家對現況提出質疑，以全新的眼光看待這個世界。當然，他們開創的道路布滿坑洞，但內心早有預期，做好心理準備，知道沿路的每一個坑洞都可以填平，鋪設出通往成功的坦途。

我們往往在一旁敬佩觀望，不肯像他們那樣邁開大步。在很多情況下，即使是比較小的挑戰也似乎令人卻步，例如換工作或搬家，感覺像是遠赴異地旅行或開設新公司，都是重大的任務。死守著「差強人意」的角色實在舒服多了，很多人不想跨出去嘗試高度不確定的新選擇。我們大多滿足於一次只跨出幾小步的安穩做法，這樣不會惹上什麼麻煩，但也沒辦法走太遠。

練習挑戰你的既定假設

如果你想要用截然不同的眼光看待自己的人生，不妨考慮把「挑戰既定假設」的練習用在自己身上。把你運用時間的所有既定做法，列出一張「練習前」的清單，包括每天早上幾點起床、每週工作幾天和幾小時、通勤時間多久、什麼樣的工作型態、你共事的同事、運動時間多久、閒暇時間與什麼人共度、晚餐吃什麼、晚上和週末的時間做什麼、去什麼地方度假、每次領薪水存下多少錢、一天結束時有什麼樣的感受、幾點去睡覺等等。盡可能列出最長的清單，針對你的生活寫下最多的既定做法。

QRCode 6

12 賈納是印度裔美國人，「Samasource」後來改名為「Sama」，這個字是梵文「平等」的意思。這家公司聘雇印度和非洲等地的窮人做數據處理的工作。賈納不幸於二〇二〇年因癌症過世，得年僅三十七歲。

13 這系列的所有演講存檔，請參 QRCode 6。

接著列出一張「練習後」的清單，考慮上述所有事項的替代方案。這張表格內的項目，應該是與「練習前」的事項完全相反，或者做非常誇張的事。比方說，如果你每天自己運動二十分鐘，替代方案則包括完全不運動、去健身房上課、或者與狗狗一起跑步。如果你的閒暇時間用來看電視或打毛線，那麼替代方案或許是去慈善廚房當義工、學習跳傘，或者選修一堂即興創作的課程。

等你列出清單，再把「練習前」和「練習後」的清單自由混搭，打造出一組全新的方案。甚至只要改變其中一種原本的設定，就足以用有趣的方式讓你的生活振作起來。請記住，如果你願意找出問題、挑戰自己原本的設想，就會有無限多種選擇可以嘗試和探索。引用演員亞倫．艾達（Alan Alda）說的話：「你的設想是你觀看世界的窗戶。每隔一陣子要把它們擦洗一番，否則光線不會照進來。」

問題是可以解決的

雖然我們能夠靠著解決重大問題而獲益，然而律師與企業家藍迪．高米沙（Randy Komisar）在著作《僧侶與謎語》（*The Monk and the Riddle*）一書中強調，重要的是擁有解決重要問題的熱情，而不只是為了賺錢。為了說明其中的差異，他拿傳教士和傭兵來做比較。傳教士滿懷熱情，致力於達成重要使命，傭兵則純粹只是追求私利。如果能以傳教士那樣的熱情，專心幫重大的挑戰找到解決方案，成功的企業也就指日可待。作家蓋伊・川崎（Guy Kawasaki）也抱持同樣的看法，他表示「創造意義比賺錢」重要多了。如果你的目標是以創新方式解決重要問題，藉此創造人生的意義，你會比較容易賺到錢；反之，如果打從一開始就一心只想賺錢，你可能既賺不到錢，做的事也毫無意義可言。

由創業家、創投家和發明家說的這些話，與設法從區區五美元、小小迴紋針或單獨一隻襪子創造出最大價值的學生有什麼關係呢？關係可大了。上述的所有例子都呼應了前面談過的觀念：在你的日常生活中好好發掘問題，然後持續努力解決問題，你將從中獲益良多。這並不表示過程中沒什麼好怕的；其實很害怕！永遠會有某種風險，你再怎麼努力都沒用。就像伊隆・馬斯克（Elon Musk），世界知名的發明家和企業家，他在一次訪談中表示：「我真的覺得，我感受到相當強烈的恐懼感……真的有好幾次，發生重大問題的時候，儘管滿心恐懼，你還是得相信自己可以解決。」[14]

QRCode 7

14 這段話出自賈里德・傅利曼（Jared Friedman）訪談馬斯克的內容，影片於二〇一六年九月十五日上線，參見創投公司「Y Combinator」的網站（請參 QRCode 7）。

問題和機會俯拾皆是，只待有心人找到創新的解決方案。這要仰賴敏銳的觀察、團隊合作、執行計畫的能力、願意從失敗中學習的態度，以及用充滿創意的方式找出問題的答案。但首要之務是養成一個態度：問題總是可以解決的。我發現不管是我自己或我的學生，解決問題的經驗愈豐富，就愈相信一定能找到法子來解決問題。

跨出舒適圈，挑戰自我

好幾年前我去蘇格蘭，幫一個為期一週的創業研習營授課。研習營是由蘇格蘭企業研究院（Scottish Institute for Enterprise）的詹姆斯·巴羅（James Barlow）舉辦，五十名大學生來自英國各地，主修的科目從犯罪學到化妝品學無所不包，而大多數人對創業一無所知。

研習營一開始，許多學生就被第一個作業嚇壞了，我要求每一組發想一個新產品或新服務，然後設法銷售出去。下午六點，我發給每一組學生五十英鎊作為創業資金，他們有十八個小時來完成作業，目標是逼他們跨出舒適圈，踏入現實世界。許多學生告訴我，他們差一點就決定收拾行李回家了。其實根本不需要由他們來告訴我，他們臉上恐慌的表情說明了一切。但是他們全都留下來，而且後來為自己的成果感到開心驚喜。有一組學生化身為「行動雨傘」，專門協助意外遭到雨勢困住的行人；另外一組在當地酒吧設立了興之所至的快速約會站；還有一組在繁忙市中心的街上擺攤擦皮鞋。

但這個作業只是他們創業經驗的起步。經歷了一星期的各種挑戰，包括搜尋報紙發現問題、腦力激盪想出創新的解決方案、設計新穎的創業之舉、與潛在顧客見面、拍攝廣告、向一群成功的業務主管推銷構想等等，他們已經準備好面對所有的挑戰。

讓我印象特別深刻的是三個年輕女生組成的團隊，這一切對她們來說是全新體驗。她們拿到第一個作業題目時嚇得發抖，但過了一星期後，她們提出很棒的構想，獲得評審團極高的評價，還從投資者手上拿到一筆種子基金。她們觀察到大多數女性購買胸罩時，過程中覺得很不好意思，結果往往買到不合適的胸罩，於是她們開發出「到府調整胸罩的服務」。她們拍攝的廣告影片很精彩，說服每一個人相信這是個有趣的商機。

研習營的最後一天，一位女學員告訴我：「我現在知道，沒有什麼事是我辦不到的。」她呢，以及所有其他的學生，原本就擁有所需的種種技能，可以達成令人驚喜的成就，我們只不過提供明確的保證，加上適當的允許，讓他們有勇氣把周遭碰到的問題轉化成好機會。

作家與演說家賈里德・林遜（Jared Lindzon）也深有同感，他在《紐約時報》撰文寫到，他很怕自己遭到拒絕、面臨失敗和遭到責難，為了擊退這樣的恐懼，他還真的找來一名專業的跳傘員，陪他從一架非常棒的飛機跳出去。跳出去的那一刻，他終於明白，藉由做這件他想像中最可怕的事，他發現自己不會死掉，那麼世界上就沒有什麼事需要害怕的了。

03

來一客蟑螂壽司吧！

把餿主意變成好點子

我要求每一組都提出
「最棒的構想」和「最爛的構想」，
然後我把標示「最棒的構想」那張紙剪成碎片，
把「最爛的構想」重新發下去。
現在每一組手上都有一個
其他小組覺得很爛的構想，
他們必須設法把它改造成最棒的構想。

著名心理學家史金納（B. F. Skinner, 1904-1990）曾寫道，可以把所有的人類行為都看成是對個人、基因庫或整體社會的適應性行為。不過，這三種力量經常互相矛盾，帶來極大張力。社會上的規則，包括由政府、宗教團體、雇主、學校、鄰居和家庭制定的規則，在我們生活中隨處可見。每一天，我們都可看到實體的標誌告訴所有人該做什麼事，看到書寫的指令引導我們該如何表現舉止，還有種種社會規範敦促我們循規蹈矩。設定這些社會規則和規範的目的，是要讓周遭的世界比較井然有序且容易預測，也避免大家彼此傷害。

由於我們的社會到處都制定了詳盡的規範，於是經常發現自己身處的一些情境好像驅使我們打破規則，以便滿足個人的欲望或人類的本能需求。事實上，我們也為自己訂了很多規矩，多半是別人鼓勵我們這樣做。在人生道路上，這些規矩逐漸變成我們自己的一部分。我們在自認可以做的事情周圍畫了很多假想的界線，而這些界線對我們造成的束縛，遠遠超過社會規範的影響。我們透過職業、收入、居住地區、開的車型、教育程度甚至星座，來定義自己是什麼樣的人，而每一種定義都把我們困在一些特定的假設裡，自認是什麼樣的人、可以做什麼事情等等。

我想起電影《與安德烈晚餐》（*My Dinner with Andre*）[15]有一句著名的台詞，說紐約客「既是警衛也是囚犯，結果讓他們再也……沒辦法離開自己親手打造的牢籠，甚至不再視之為牢籠。」我們經常為自己建立許多規則，打造出專屬的牢籠，把自己困在特定角色裡，將其他無數的可能性阻絕在外。

但如果所謂的規則只是一種建議而已呢？原本只是一些建議，什麼時候漸漸變成規則了呢？如果你挑戰這些潛藏的設定，會怎麼樣呢？脫離既定的軌道，會帶來什麼樣的後果呢……無論結果是好是壞？打破規則的人會發生什麼事？

賴利・佩吉（Larry Page）是Google的共同創辦人，他曾在演講中鼓勵聽眾採取「不要說不可能」的健康心態，藉此打破既定的規則。他提到，設定遠大的目標往往比設定小目標容易得多。目標很小的時候，通常要透過非常特定的方法去達成，出錯的可能性也比較高。至於遠大的目標，你通常會投入比較多的資源，達成目標的方法也比較多。這是很有趣的洞見。想像一下，你打算從舊金山去南極，有很多不同的途徑可以抵達目的地，你可能會給自己一點時間和資源到達那裡，而且如果過程中無法按照計畫進行，你會靈活應變。但如果你的目標是穿越市區，那麼可以走的路線就相當明確，你預期很快就會到達。萬一在路上因為某種原因而塞車，你就會無計可施、非常沮喪。

15《與安德烈晚餐》是法國導演路易・馬盧（Louis Malle）於一九八一年在美國拍攝的電影，藉由演員在咖啡店裡的幽默對話，探討劇場和人生的本質。

天下沒有無法克服的問題

琳達．羅騰堡（Linda Rottenberg）也是個絕佳範例，她認為沒有一種問題會大到無法克服，隨時都準備打破原本的預期，以便達成自己的目標。她認為，若別人覺得你的想法很瘋狂，那麼你走的路一定是對的。二十年前，羅騰堡成立一個了不起的組織，名稱是「奮進」（Endeavor），目標是培養開發中國家的創業精神。她一踏出耶魯法學院的校門就創辦了「奮進」組織，懷抱著熱情，想在貧困弱勢地區推動經濟發展。她盡一切努力來達成目標，包括對深具影響力的企業界領袖「死纏爛打」，爭取他們的支持。

「奮進」組織先在拉丁美洲展開行動，然後把觸角伸向世界各地，包括土耳其和南非。他們先透過嚴謹的程序找出有潛力的創業者，挑選出懷抱著很棒的點子、有動力想要實現計畫的人才，給予他們所需的資源而邁向成功。他們不是只把資金交給創業者，更把這些人引介給當地能指導他們的專家，並提供教育訓練，讓他們有機會與當地其他創業家見面，向他們講解過去迂迴艱辛的創業歷程。這些創業新秀一旦成功，就樹立了正面典範，為當地社區創造就業機會，並且回饋「奮進」組織，協助下一代的創業家。

巴西的蕾拉．薇雷茲（Leila Velez）就是振奮人心的好例子。薇雷茲住在俯瞰里約熱內盧的貧民窟，靠著打掃房子的收入勉強餬口，不過她想到一個主意：巴西許多女性都非常渴望擁有一頭柔滑不打結的秀髮。薇雷茲和嫂嫂荷洛莎・艾席斯（Heloísa Assis）打算發明一種美髮產品，能將打結的頭髮轉變為鬈髮。經過多年試驗、遭遇許多次慘敗，她終於找到解決方法，於是在里約開了一家美容院，果然生意興隆。薇雷茲夢想著開設連鎖店，「奮進」組織就在這時候伸出援手，幫助她實現夢想。有了「奮進」組織的支持和指導，這項事業名為「Beleza Natural」，目前雇用三千名員工，推出五十多項不同的產品，年營收高達數百萬美元。

這只是「奮進」組織的幾百個成功案例之一。幾年前，我參加「奮進」組織兩年一度的高峰會，深深被會場上瀰漫的活力和熱情所打動。每一位創業家都把他們的成功歸功於「奮進」組織提供所需的工具和成功所需的啟發。如果羅騰堡當初聽信別人告訴她的話，認為這是個瘋狂的想法，就不會有今天的一切。羅騰堡後來寫了一本書講述她的經驗，書名是《不瘋狂，成就不了夢想：自己的事業自己創！》（*Crazy Is a Compliment*）。

化阻力為目標

要承擔「不可能的任務」，最大的困難在於其他人通常會迫不及待告訴你，那是不可能達到的目標。這正是尼可拉斯・希亞（Nicolas Shea）碰到的狀況，當時他決定扛下的挑戰似乎是不可能辦到的。那是二〇一二年，希亞才剛創設了「新創智利」（Start-Up Chile）計畫，準備在智利開辦一個P2P（peer-to-peer）網路借貸平台，名稱是「Cumplo」。創設這個新事業的短短三個月後，他們碰上意想不到的重大阻力。智利的銀行管理當局威脅他，如果繼續經營這個事業，就要把他關進牢裡。他才明白，智利的銀行管理措施是設計用來保護創立已久的大型銀行，沒有為企業家留下創新的空間，因為他們老是想找到方法改進原本的系統。

希亞從不同的角度審視這樣的兩難局面，最終領悟到，改變整個系統的唯一方法，是讓更多能夠接受新思潮的人們進入政府任職。他決定搞清楚到底該如何投入競選。情況很明顯，除非有某個創立已久的政黨贊助你，否則競選是令人卻步的過程，需要經歷痛苦的繁文縟節、文書工作、時間和金錢。難怪沒什麼人願意或有能力投入競選。

希亞萌生一個瘋狂的點子：如果有某位公民能夠成為政治人物呢？他致力投入這個點子，為政治創造一個類似Cumplo的平台，於是所有人都可以輕易宣布參選和資助選戰。受到這個點子的激勵，他決定創辦一個全新的政黨，名為「全民黨」（Todos，西班牙文的意思是「每個人」）。這個政黨的價值觀很簡單：正直、合作、尊重、透明和負責，而且國內的每一個人都可以宣布自己是候選人。

為了成立正式的政黨，他們需要三萬五千人連署，而且每一個署名的人都需要去國內少數的公證單位進行正式的公證程序。因此，他怎麼做呢？他親自跑去各個城市的公證單位前面，舉著寫字板，與路過的每個人交談，請他們為這個意識形態多元的新政黨進行連署。透過這樣的策略，他取得足夠的連署人數，讓他的政黨能在智利十五個選區的其中四區取得正式的候選資格。

下一步是讓候選人登記參選。接受這項挑戰的第一個人，是智利一位知名的喜劇演員和電台主持人。這樣很棒，不過他們需要更多候選人來顯示他們是認真的。於是，經歷了一段時間的煩惱後，希亞決定跳下去，以黨主席的身分親自參選！

二〇一七年三月一日，希亞成為智利的「總統準參選人」。他放下手邊的所有工作，扮演這個新角色，走訪全國，與來自不同背景的公民深入談話，以便了解他們的各種觀點。「全民黨」也吸引了另外十四個人投入選舉，七位參選參議員的席次，另外七位競選國會議員。

希亞的很多親朋好友覺得他根本就瘋了！他的妻子、母親和時值青少年的女兒都請求他退選。但他心裡明白，他需要證明民主政體的運作是每個人都能參與這個國家的政府，也應該參與。其實他害怕得不得了。事實上，有個朋友問他知不知道自己到底在做什麼時，他忍不住哭出來。他知道自己必須承擔，但也知道這會是人生中最大的挑戰。

在這場選戰中，全民黨沒有一個人勝選，政黨也沒有取得足夠的票數進入下一階段，但希亞非常驕傲他們全都嘗試過了，也打算很快重整旗鼓。這個例子能夠說明，如果你為自己設定遠大的目標，像是讓民主政體普及到一般大眾，那麼你必須把目標區分成很多個具體的步驟，一路上碰到每一個不可避免的困難都要一一克服。

從爛點子尋找創意

可以說，勇敢面對大問題就是一項重大的挑戰。不過一旦決定要承擔，要用打破傳統的方式來解決問題，同樣是非常困難的事。這種時候，打破一些規則會很有用。

我最喜歡的一個課堂習題，就是請學生徹底改變自己解決問題的方法。首先，我提出一個問題，與特定群體有關。比方說，如果群體的成員都是公用事業的主管，那麼問題可能是督促各個公司努力節能；如果成員都在劇院服務，問題可能是如何吸引更多觀眾來看戲；如果是一群學生，挑戰可能是想出一些點子來開設全新型態的餐廳。接著我把群體成員分成好幾個小組，要求每一組針對剛剛的問題，提出最棒的構想和最爛的構想來解決問題。所謂最棒的構想，就是所有組員認為能夠漂亮解決問題的方法；最爛的構想則是無效、不賺錢或讓問題更加惡化的方法。討論完畢後，每一組都把想法寫在兩張紙上，一張紙標示「最棒」，另一張紙標示「最爛」。

接著，我請參與者把兩張紙都遞給我。我大聲唸出最棒的構想，通常那些構想還滿能增加價值的，像是開一間餐廳位於山頂，可以看到漂亮的夕陽。接下來，我把那張紙撕成碎片，學生顯然很震驚，而且全都不太高興。

然後我把標示「最爛」構想的那張紙重新發給大家。現在每一組手上都有一個其他組覺得很爛的構想，他們必須設法把這個很爛的構想改造成超棒的構想。他們盯著手裡這個恐怖的點子，很快就發現，這個構想有機會變得很棒。過沒兩下子，小組裡頭總會有人說：「嘿，這是個好主意耶！」

有一家公用事業做這個練習時，其中有個節能的「最爛」點子是：規定每個員工使用能源有固定的配額，超過上限就要額外付費。他們認為這個想法很可笑。但抽到改造這個「壞點子」的小組，卻把它變成值得考慮的好主意：每一位員工仍然有使用能源的配額，但如果用得較少，可以領到回饋金，萬一用量超出配額則要額外付費。員工也可以把節省下來的能源配額賣給同事，因此就有更強的省電誘因。基本上，他們制定的計畫很類似一些公司運用的「總量管制與排放交易」（cap-and-trade）模式。

我也曾經帶領負責史丹佛大學舉辦藝術活動的職員做這個練習。針對如何吸引更多觀眾的問題，其中一組提出的「爛」點子是舉辦史丹佛員工才藝表演。這似乎與他們目前做的事情背道而馳，畢竟他們的工作是從世界各地引進頂尖人才。但另外一組徹底翻轉這個構想。他們從比較寬廣的角度來詮釋這個想法，提議舉辦一次大型募款活動，讓史丹佛大學的教職員現身表演各式各樣的才藝。這種活動可能會吸引許多平常不太參與表演藝術活動的人來參加，於是幫他們舉辦的其他活動做了很好的宣傳。

在南極賣比基尼泳裝

課堂的題目是提出「最爛的商業構想」時，你會收到無數的建議。有一組建議在南極賣比基尼泳衣，一組建議開一家賣蟑螂壽司的餐廳，還有一組提議創辦一間心臟病博物館。上述幾個案例中，這些餿主意都被改造成相當有趣的構想，非常值得好好考慮一番。比方說，抽到去南極賣比基尼的小組想出一句口號：「不穿比基尼毋寧死。」他們的構想是舉辦一次南極之旅，讓想要瘦身的人來參加，等到這趟辛苦旅程接近尾聲時，參加者會有辦法穿上比基尼泳衣。需要賣蟑螂壽司的小組則想出開一家餐廳叫「蟑螂」（La Cucaracha），運用各種營養豐富但打破傳統的食材，做出各式各樣的奇怪壽司，目標是勇於冒險的食客。分配到創辦一間心臟病博物館的那一組，則把這個構想當成起點，構思一間完全以健康和預防醫學為主軸的博物館。這三個小組都為原本的餿主意想出很吸引人的新事業名稱、口號和廣告。

這個練習是個好方法，協助你敞開心胸想出解決問題的方案，因為這顯示出大多數的構想即使表面看來愚蠢可笑，但經常暗藏一點點潛能。「好點子」通常能夠預期，而且可以增加價值；「爛點子」則是打開一扇門，通往真正獨特的解答。更重要的是，這也顯示如果抱持正面的心態，你可以在眾多的點子或情境裡找出有價值的方案。比方說，即使你沒有真的開辦「不穿比基尼毋寧死」的南極之旅，這也是個有趣的發想，或許可以構思出更實際的計畫。

不妨來封瘋狂推薦信

我的老友約翰．史蒂格布（John Stiggelbout）在申請研究所時，就顛覆了我們對於好點子的既定想法。

在所有正常人眼中，他做的事情絕對是爛透的餿主意，但其實很有啟發性。他在最後一分鐘才決定要讀商學院。由於已經錯過所有的申請期限，他選擇用非傳統的方式製作申請資料來突顯自己。他反其道而行，沒有宣揚自己的豐功偉績，而是請以前的教授寫一封很幽默的推薦信，聲稱是他的好友兼獄友。這封信描述史蒂格布的奇特方式是入學許可委員會從來沒見過的，包括他能靠打嗝的方式打開玻璃密封罐。結果入學許可辦公室的人員不但沒有把他淘汰掉，反而對他非常好奇，很想見見這位膽大妄為的申請者，因此邀請他到學校面談。史蒂格布很好心地把這封信找出來，讓各位也欣賞一下：

我認識約翰．史蒂格布，是因為一起搭乘灰狗巴士。他一定是在車尾的地板上昏倒了。我發現他的旁邊有個保麗龍杯子和糖果紙，上面有幾個菸屁股，手裡握著廉價烈酒的空瓶。我是他最好的朋友，我們還在搶劫7-Eleven超商被捕後成了獄友。有一次在基督教救世軍飽餐一頓後，我們去參加重拾信仰的聚會，兩人都看上同一個女孩。（他很能接受挫敗和羞辱，顯然是個經驗老到的魯蛇。）

他有一些令人印象深刻的特質，任何一家經營困難的青年創業公司或小型的家庭洗衣店都可以好好雇用他。他打呵欠時會遮住一口黃牙，吐口水時會記得打開窗子。他可以用手指把口哨吹得很響亮，還可以靠打嗝讓玻璃密封罐砰的一聲打開。他每個月沖一次澡，有肥皂就用一用。他需要有個安身之所，好讓他不必再睡在巴士站的盥洗室。他需要在大公司裡找個職位，於是他的酗酒習慣和對奇異鳥類的性偏好才不會害他在報到的第一天就被炒魷魚。對奇異鳥類有性偏好的人，他的思想一定兼具原創性和獨立性。事實上，他的思考如此獨立，其實完全沒有想法。

為了喝酒，這個傢伙願意做任何事情，甚至願意去上班。既然史蒂格布已經出獄，我確信如果有哪一間研究所願意收容他一陣子，假釋官一定不會介意。他是「地獄天使幫」很棒的老大，聽過我描述的人都認為他會成為高明的白領罪犯。我見過那麼多躺在巴士車尾地板上昏倒的人，這傢伙可說是最棒的一個。我對他的整體印象是他其實沒有我說的那麼好。把我弄出監牢，那麼我就可以代替他去芝加哥。

布佛德．T．莫頓，囚犯編號三三五三四二號
哇啦哇啦聯邦監獄，華盛頓州哇啦哇啦市

等到史蒂格布到學校面談時，辦公室的每一個人都把頭伸出來，想看看到底是什麼樣的人寄來這封瘋狂的申請信。他在面談過程中表現得彬彬有禮、泰然自若，於是獲得錄取。

絕不說「不」

好的腦力激盪都有一個特色：沒有「餿主意」這回事。有些最瘋狂的點子，乍聽之下似乎很不切實際，長久下來到最後卻變成最有趣的構想。或許一開始不可行，但經過

一陣子的琢磨後，可能變成很棒的解決方法，成為可行的方案。

要把腦力激盪會議開得很成功，其實需要很多技巧和練習。你需要明確表達，基本原則是要打破這種既定的假設：提出的構想需要是可行的方案才有價值。為了鼓勵大家勇於提出瘋狂的點子，你要克制自己的衝動，不要在點子提出來之前就妄加評論。關鍵在於從一開始就要建立基本原則，並且不斷強調這些原則。湯姆．凱利（Tom Kelley）是IDEO設計公司的合夥人，也是「設計學院」創辦人大衛．凱利的弟弟，他在著作《創新的藝術》（*The Art of Innovation*）書中說明了他們公司的腦力激盪規則。有一項很重要的規則，是要努力擴大延伸別人的構想；透過這種方法，等到成功的腦力激盪會議結束時，許多與會者都覺得最棒的構想是自己想出來的，或者有很大的貢獻。由於會議室裡的每一個人都有機會參與，也親眼見證所有構想誕生和發展的過程，通常大家都會一起支持這些構想繼續付諸實行。

如果你曾經參與腦力激盪會議，就知道這類會議並非總是這麼順暢。每個人都認為自己擁有某個構想的所有權，你很難消除這種自然而然的傾向，而要與會者把別人的提議發揚光大，也是很不容易的事。

《成功創意，不請自來》（*Improv Wisdom*）一書的作者派翠西亞．萊恩．麥德森（Patricia Ryan Madson）設計了一個很棒的暖身練習，用來實現以下兩個觀念：一、沒有所謂的「餿主意」；二、把別人的構想發揚光大。你可以讓與會者兩人一組，其中一人試著規畫一場派對，並向搭檔提出建議。另外一個人則必須對每一個建議都搖頭反對，而且必須說出行不通的原因。比方說，第一個人可能會說：「我們週六晚上來開一場派對吧。」另外一個人會說：「不行，我得洗頭。」如此這般反覆進行幾分鐘，第一個人繼續提出新點子，希望搭檔會接受，但挫折感愈來愈大。

做完這個練習以後，兩個人角色互換，換成第二個人負責規畫派對，而第一個人聽到每一個提議都必須同意，還必須想辦法把點子發展下去。比方說：「我們週六晚上來開一場派對吧。」回答可能是：「好啊，我會帶蛋糕來參加。」進行一段時間以後，點子可能愈來愈瘋狂。有些時候，到最後規畫的派對是在水中或其他星球舉行，而且包含各種稀奇古怪的食物和娛樂。會議室裡熱鬧非凡，大家都興致勃勃，提出一大堆構想。

成功的腦力激盪會議就應該像這樣充滿活力。當然，到了一定的時候，你們還是得考慮提案的可行性，但是不應該在提案的階段就考慮這個。腦力激盪是要用打破傳統的做法來解決問題，所以你應該要無所顧忌，把各種瘋狂點子翻天覆地、內外翻轉，掙脫常態的鎖鏈。到腦力激盪會議結束時，你一定會很驚喜，竟然產生了這麼廣泛的創意。幾乎所有的案例至少都有幾個構想能成為種子，發展成熟後變成真正很棒的機會，適合做進一步的探索。

很重要的是，切記：創意的產生包括「探索」各種可能性。激發出瘋狂的各式創意不需要花錢，你也不需要對任何構想許下執行的承諾。腦力激盪的目標，就是要透過不受任何束縛、天馬行空的想像來打破既定的規則。一旦完成這個階段，就很適合進入「開發」階段，你對這些構想進行評估，選擇其中一些構想展開進一步的探索。到了這時，你可以用比較批判性的眼光來審視這些構想。

在這裡工作真酷！

在每一個組織和所有的過程中，你都可以打破規則。不妨想想一些公司，像是提供網路叫車的Lyft、家庭寄宿的Airbnb、串流服務的Netflix、民營太空服務的SpaceX，全都在各自的業界挑戰長久以來的傳統設定。Lyft挑戰的是各地交通運輸的很多既定方式，像是大家不會與陌生人一起搭車。Airbnb挑戰的是不想把自家的一張床或一個房間租給陌生人的既定印象。Netflix挑戰的是電影發行商不能自己製作內容的既定規則。而SpaceX挑戰的是太空探索應該由政府而非私人公司來執行的既定假設。這些新創事業全都撼動了他們各自的產業，打開的大門通往各式各樣的豐富機會。

俗話說：「不求批准，但求原諒。」這正好說明規則通常就是要拿來打破的。大多數規則存在的目的，是要作為最低的共同標準，確保連完全摸不著頭緒的人都能有所依循。如果你問某人應該如何拍電影、開一家公司、申請研究所、競選政治方面的職位，或者出版一本書，你通常會拿到一長串的訣竅，包括一步步爭取業界專業人士的支持、找經紀人、籌募創業基金、通過考試和獲得認可等。

大多數人會選擇遵循這些規則……少數人則不然。重要的是一定要記住，通常都有一些極富創意的方式，讓你可以越過那些規則、跳脫傳統的羈絆，採取迂迴繞道的方法達成目標。這就像是大多數人塞在通往高速公路的主要道路上，在無盡的車陣中動彈不得時，比較敢冒險的人就會設法尋找替代道路，比較快抵達目的地。當然，有些規則之所以設立，是為了保障安全、維護秩序和建立流程，以便讓許多人工作順暢，但是在過程中還是值得質疑這些規則。有時候傳統途徑似乎窒礙難行，那麼繞過既定的規則就像繞道而行，仍然可以讓你抵達目標。

「奮進」組織的羅騰堡曾分享一個很有啟發性的故事，這是一位顧問告訴她的。有兩位戰鬥機的學員，彼此分享從自己教練那裡學到的教訓。第一位飛行員說：「教練給我駕駛飛機的一千條規則。」第二位飛行員說：「我只拿到三條規則。」第一位飛行員聽了得意洋洋，認為自己的選擇真多，但他的朋友接著說：「我的教練告訴我的是絕對不能做的三件事，其他的一切就由我自己決定。」這個故事完全掌握了上述的觀念：只要知道少數真正違反規則的事情就好，不要把焦點放在你自認應該做的一大堆事情上。這個故事也是很好的提醒，讓我們看到規則和建議有很大的差別。一旦拿掉那些建議，通常需要遵守的規則會比你的想像少了很多。羅騰堡正是用這種方法領導「奮進」組織：她給每位創業家三件絕對不可做的事，其他就完全看他們自己了。

分子料理：挑戰你的感官

現在，暫且踏出高科技業的世界，來看看你如果身處於截然不同的領域，如何用打破規則的方式創造出非凡的價值。比方說過去十年來，大家比較有興趣的餐廳，是以嶄新的目光來看待食物、烹飪和用餐方式。新一代的餐廳主廚不再遵循傳統的烹調方式，而是進行「分子料理」（molecular gastronomy）的實驗，以各種不尋常的方式突破食物烹調的傳統限制。這些餐廳直接使用實驗室的設備和材料，以超乎想像的方式耍弄你的感官。廚房裡可能堆著氣球、針筒和乾冰，目標是創造出意想不到但十分美味的食物。在芝加哥的摩托（Moto）餐廳[16]，他們推出的「主廚精選套餐」，你可以真的把菜單吃掉，比方說嘗起來可能和義大利帕里尼三明治差不多。

摩托餐廳的廚師努力讓端出的每一道菜都顛覆既有的規則，例如把聯邦快遞的盒子送上桌，裡面的食物看起來很像一包包花生米；讓甜點看起來很像墨西哥玉米片，但其實是由巧克力、冷凍芒果片和乳酪蛋糕做成的。每一道菜的設計都顛覆你對食物應該有的形狀和口感的想像，把你的食物轉變成奇特的形狀和型式。餐廳的一位主廚班・羅奇（Ben Roche）表示，他們的目標是為你的感官創造一個馬戲團。關於食物的準備及呈現，他們質疑相關的所有假設，發展出全新的烹調技巧，甚至設計出訂製的餐盤來享用料理。

這個例子是很好的提醒，從你的廚房到你的事業發展，無論在任何領域都一樣，你絕對可以除去身上的種種束縛，這些束縛或許令你安於現狀，卻經常造成限制。

另外一個挑戰規則的方法是：掙脫你對自己的期望和別人對你的期望。每個人的成長過程中，往往伴隨著別人對我們的告誡和我們對自己的告誡，表示可以做什麼和不可以做什麼，或者應該做什麼和不應該做什麼。我每一天都在自己學生身上看到這種情形。他們全都身處於同樣的情境，卻懷抱著非常不一樣的志向和抱負，主要是根據他們對自己描述的未來人生呈現什麼模樣。如果有人鼓勵他們掙脫自我的束縛，他們會發現眼前開展的選擇機會實在太多了。

16 摩托餐廳曾獲米其林一星榮銜，但主廚坎圖（Homaro Cantu）於二〇一五年自殺過世，餐廳也已關閉。

有一次，我和十幾位目前的學生和以前教過的學生見面，請他們聊一聊自己掙脫原本預期和束縛的經歷。聽完他們在學校、職場及旅行時如何克服困難後，有一位幾年前畢業的學生把他聽到的這些故事做了總結：「如果你沒有按照自己習慣的做法踏出下一步，就會發生一大堆很酷的事。」每個人大可沿著很多人踏過的老路往前走，然而如果你願意敞開心胸，在出奇不意的地方轉個彎，嘗試完全不同的經驗，也願意質疑別人對你設定的規則時，往往會發生許多有趣的事。所有學生都同意，走著預先設定好的路途比較輕鬆，但是跑去探索轉角後面暗藏的驚奇世界，往往更加有趣。

知道自己可以質疑規則，這一點能激發出巨大的能量，提醒你傳統路徑只不過是其中一個選項。你當然可以按照食譜煮菜、沿著大馬路開車、循著前人的足跡，可是如果願意發現問題、打破既定的假設、掙脫自己和別人投射在你身上的期望，那麼會有無窮多的可能性等待你去探索。

不要害怕跨出你的舒適圈，懷抱健康的心態忽視「不可能」這三個字，大膽顛覆老舊的想法。如同我的學生在前面提過的，想要不按照自己習慣的做法踏出下一步，這是需要練習的。你做的實驗愈多，愈會看到你擁有的選項遠比想像中還多很多。你只會受到自己的活力和想像力的限制。

04

撿起散落在地上的金塊

生活中處處是機會

這個世界有兩種人。
面對自己想做的事，
有一種人總是等別人准許他們去做，
另一種人則是發出許可證給自己。
機會就好像散落在地上的金塊，
等著有心人把它們撿起來。

家父退休前是成功的企業主管。他最初只是年輕的工程師，然後一步步升上經理再到主管，後來在好幾家大型跨國公司擔任要職。我在成長過程中常常聽到他又升官了，從副總裁升為執行副總裁，然後又升上資深執行副總裁等，每隔兩年左右就升職一次，像時鐘一樣規律。我一直很敬佩父親的成就，把他當做好榜樣。

因此，當父親看到我的新名片竟然十分生氣時，著實令我大吃一驚。我的名片上印著「總裁　婷娜．L．希莉格」。我開了自己的公司，為自己印了名片。父親看著我的名片，接著看看我，對我說：「你不能就這樣叫自己總裁。」根據他的經驗，你必須等別人把你晉升為領導人的角色，不能指派自己為領導人。在他的那個世界裡，根深柢固的觀念是要由別人把你晉升到高位、承擔更重大的責任，因此想到我為自己增添價值，他心裡深感不安。

我曾經一再碰到這樣的心態。比方說，三十年前，我告訴朋友我要寫第一本書時，她問：「你憑什麼覺得自己可以寫一本書？」她實在沒辦法想像，我還沒取得某位權威人士的認可，就進行這樣的計畫。至於我呢，我很有把握自己辦得到。當然那是個很有野心的計畫，但嘗試一下又何妨？當時市面上沒有任何書籍探討烹飪的化學，我想要讀到這樣的一本書，既然市面上找不到，我決定自己寫一本。我不是這方面的專家，但身為科學家，我認為可以邊寫邊學。我擬了一份詳細的出書提案，寫了幾章作為樣本，然後四處投遞，結果與《科學美國人》（*Scientific American*）簽訂出書合約。

那本書出版後，我的出版社並沒有做什麼促銷活動，讓我很失望，於是決定自行創業，協助作者讓他們的作品有更多曝光機會，也協助讀者了解自己可能有興趣的書。同樣的，很多人問我憑什麼覺得自己可以開一家公司？對我而言，這顯然是一大挑戰，但我認為自己辦得到。

我在一九九一年創辦了「圖書瀏覽器」（BookBrowser）公司，那是全球資訊網誕生的好幾年之前。我的構想是幫書店的顧客建立一個系統，以導覽資訊台為基礎，「為書籍和買家進行配對」。我用HyperCard這種程式，在我的麥金塔電腦上做出產品的原型；運用HyperCard，使用者可讓一張張「卡片」之間產生連結，就像今天網路上的連結一樣。於是，使用者可以透過這些連結，找到特定的作者、書名或類別。

我和本地書店經理見面，他們同意在書店裡放置這種導覽資訊台；而且我與十幾位出版人見面，他們熱切希望這套系統能涵蓋他們出版的書籍。感覺這個點子萬事俱備，我雇用一群程式設計師把產品做出來。沒有人告訴我能不能這樣做或應不應該做。反正我就做了。

看見馬路對面的機會

經過一段時間之後，我逐漸明白，這個世界有兩種人：面對自己想做的事，有一種人等著別人准許他們去做，另一種人則是發出許可證給自己。有的人尋找內在自發的驅動力，有的人則等待外力推動他們前進。就我自己的經驗而言，我大力主張應該主動掌握機會，不要坐等別人把機會送上門。只要你是有心人，永遠有很多空間等待你去填滿，機會就好像散落在地上的金塊，等著有人把它們撿起來。有時候，這表示你必須從自己書桌抬起頭來，看看四周，望向窗外，越過對面馬路，或者繞過街角。不過呢，金塊真的就在那裡，等候願意撿拾的人把它們撿起來。

約克正是發現這件事。我們在前面介紹過，約克是史丹佛「醫療器材創新研發計畫」的主持人。他的辦公室位於醫學院，隔著街道對面就是史丹佛工學院。約克發現史丹佛錯失了大好機會，沒有設法讓醫學院和工學院的師生合作發明醫療方面的新科技。醫學院的人，包括醫師、學生和研究科學家，需要仰賴工程師設計新產品和新流程，以便改善對病人的照護；而對街的工學院裡，工程師一直想找到令人矚目的問題，希望能用他們的工程技術來解決。

接下來幾個月，各領域的相關人等開會討論大家的合作方式。這是個很複雜的過程，畢竟兩組人馬的工作方式南轅北轍，用語也截然不同。最後，他們敲定了合作方式，「醫療器材創新研發計畫」於焉誕生。就在同一段時間，其他在不同的醫療和科技領域的同事也發展出類似的合作計畫，於是各個團體全納入「生物X」（Bio-X）這個大計畫之下。這是個宏大的構想，花了好幾年時間才開始執行，結果產生了豐碩的跨領域合作成果，以及一棟漂亮的新建築，目前矗立在校園內。到目前為止，這個計畫已發展出數百件很有價值的醫療器材，也協助創立了四十七間新公司，大幅改善全世界病人的生活品質。這個故事告訴我們，有時候機會就在馬路對面，你只需要從書桌上抬起頭來，看到對面蘊藏的機會。沒有人叫約克這樣做，但是他看到需求，而且滿足了需求。

重新組合自己的技能

要跨出原本規定的路徑，最好的方法就是弄清楚，如何把你的技能轉化到不同的領域裡。其他人或許看不出某個表面上有好幾條平行線，所以你的任務就是把它們找出來。有時候，兩個不同領域的用語南轅北轍，但彼此的功能卻有驚人的相似處。你不妨想想看，科學家和管理顧問有何相似之處。我拿到神經科學博士學位後不久，一心想進入新創的生物科技公司工作。唯一的問題是什麼呢？我希望進入行銷和策略部門工作，而不是實驗室。如果沒有相關經驗，這幾乎是不可能的事。與我面談的新創公司想找的都是能立刻上手的人。我面談了好幾個月，往往似乎快要得到工作邀約了，接下來卻沒有下文。

最後，有人介紹我去見博思艾倫漢密爾頓公司（Booz Allen Hamilton）的舊金山分公司總經理，這是一家跨國諮詢公司。我的目標是讓他留下深刻的印象，讓他願意介紹我認識他們在生命科學業界的客戶。

我走進會議室時，他問我，何以見得神經科學博士能成為優秀的管理顧問？我原本大可老實告訴他，我其實沒有考慮當管理顧問，但是在那當下，反正也沒有什麼損失，我概略敘述大腦研究和管理顧問的相似之處。比方說，兩者都需要找出迫切的問題、蒐集相關資料、分析資料、挑選出最有趣的結果、精心規畫一場令人信服的說明會，然後決定下一組迫切的問題。他留下深刻的印象，於是在那天又安排了六場面談，而晚上我走出辦公室時，已經拿到一份工作邀約！

當然，我接受了那份工作。事實上，這真的是一種很棒的方法，能在各行各業了解商業運作的策略，而我確實充分運用了過去身為科學家所受的訓練。無論出於需要或好奇，我一次又一次地重複這個做法，不斷重新組合我的技能，創造出新的機會。當別人問我，為什麼神經科學家最後卻在教工程師如何創業，我不得不說：「說來話長啊。」

從垃圾中淘金

另外一種為自己賦予價值的方法，是把目光放在別人拋棄不要的東西，想辦法把它們變得有用。其他人草率拋棄的很多計畫，往往暗藏了寶貴的價值。我們先前討論過，有時候其他人拋棄某些構想，是因為沒有充分理解那些構想的價值，或是沒有時間好好研究。那些遭到拋棄的構想往往大有可為。

邁克．迪爾林（Michael Dearing）剛踏入職場的時候，是在迪士尼的策略部門工作，然後創業做零售生意，但是失敗了，接著就去線上拍賣網站龍頭eBay上班。最初他對自己分配到的職務不怎麼感興趣，因此決定利用公餘之暇，研究公司網站上曾有人設計出來、但是遭到忽視或拋棄的功能；換言之，就是等待識貨的人去發掘的構想。

當時是二〇〇〇年，迪爾林發現有一種新功能，賣家只要多付零點二五美元，就可以在他們的標準刊登表格上附加照片，但只有百分之十的eBay客戶使用這個功能。迪爾林花了一些時間分析這項服務的效益，能夠證明附上照片的商品賣得比較快，價錢也比較好。掌握了這項有力數據之後，他開始大力推銷附加相片的服務，結果採用這項服務的客戶比例從百分之十激增到百分之六十，為eBay增加了三億美元的年營收。完全沒有別人指示，迪爾林自己找到一個未經發掘的金礦，開採出驚人的收穫。公司付出的成本微不足道，卻得到莫大的收益。

這不是迪爾林第一次找到方法善用身邊的資源。他從孩提時期就喜歡寫信給名人，而且驚喜發現名人大多會回信。他一直保持這個習慣，主動寫信給自己欽佩的人。他們幾乎每一次都會回信，而且很多時候，書信往返帶來了長期的友誼和許多有趣的機會。他從來不曾向通信對象提出任何要求，最初寫信給他們，只是為了感謝他們所做的某些事情、讚揚他們的成就、詢問簡單的問題，或提議自己在某方面可以幫上一點忙。他沒有等別人邀請才和他們聯絡，而是自己主動踏出第一步。

藏在褲袋裡的問題

基本上，你得到一份工作時，任何工作都一樣，你獲得的不只是那份工作，還包括進入那棟建築物的鑰匙。那些鑰匙會將你帶向何方，完全由你來決定。如果你光是接受別人分派給你的工作，那麼等於是告訴你的同事，你已經到達自己幹勁和能力的頂峰，於是會年復一年持續做同樣的事。然而，如果你努力為這個機構找到一些方法，讓它變得更成功，你就證明自己已經準備好，能夠迎向更大的挑戰。

那麼，你要怎麼找到需要填補的坑洞呢？其實很簡單。第一步是學習「關注」。針對如何發掘機會，我的「設計學院」同事發展出以下的練習。他們要求參與者掏出皮夾，然後把所有人兩兩分組，互相訪談關於皮夾的問題，請他們討論最喜歡和最討厭自己皮夾的哪些部分，特別關注於如何運用皮夾來購物和放東西。

最有趣的見解，來自於觀察每個人一開始如何掏出皮夾。有的皮夾非常整齊乾淨，有的裡面塞滿紙片，有的彷彿時尚宣言，有的則裝了滿滿的照片和收據，有的裡面什麼也沒放，只放了一支迴紋針。顯然對我們每個人而言，皮夾扮演了不同的角色。訪談過程也顯示每個人如何運用自己的皮夾、皮夾所代表的意義，以及每個人為了發揮皮夾的最大效益而展現的奇怪行為。我從來沒看過哪個人完全滿意自己的皮夾，總是有一些需要改進的地方；事實上，大多數人帶著到處走的皮夾，都有某些部分令他們抓狂。學生討論他們的各種挫折，像是皮夾的大小、沒辦法很容易就找到東西，或是在不同場合想要攜帶不同的皮夾。

結束訪談之後，每個人都要為另一個人設計製作一只新皮夾，對方就是他的「顧客」。設計的材料只能用紙、膠帶、麥克筆、剪刀、迴紋針等，也可以運用在教室內找得到的任何東西。他們花了大約三十分鐘完成新皮夾的原型，接下來得向「顧客」推銷這件產品。幾乎毫無例外，新皮夾解決了顧客最煩惱的問題。顧客對新皮夾的設計概念感到驚喜莫名，紛紛表示如果市面上有這樣的皮夾，他們會買。有些功能是從科幻小說得來的靈感，例如有個皮夾會根據需求印出鈔票；有些皮夾則只需要一位好的設計師，就能讓構想成真。

從這個練習，你可以學到很多教訓。第一，皮夾象徵了一個事實：到處都有各式各樣的問題，甚至你的褲袋裡就有。第二，不用花太多力氣就能發掘這些問題。事實上，人們通常很樂意把他們的問題告訴你。第三，透過實驗，很快就能得知你提出的解決方案是否行得通，不必花太多力氣、資源或時間。最後，即使解決方案的方向有錯，你反正也沒有耗費什麼成本，只需要重新來過就行了。[17]

我曾經帶著很多小團體、大團體、小孩子、醫師和企業主管做這個練習，但不時改變物品來刺激他們思考，從皮夾、雨傘到胸口名牌，什麼東西都可以。在所有的案例裡，他們都很訝異，原來永遠都有東西可以拿來改善，從皮夾和雨傘到軟體、餐廳、加油站、汽車、衣服和咖啡店……，例子不勝枚舉。你不需要別人分配這項任務給你。事實上，所有成功的創業家都自然而然做了這樣的事，他們無論在家裡、辦公室、雜貨店、搭飛機、海灘上、醫院診間或棒球場上，都會發現各式各樣的機會，把出問題的事情解決掉。

皮夾練習是把焦點放在產品設計，但你可以用同樣的方法，重新思考各種服務、經驗和組織架構。例如在我們「設計學院」裡，教學小組設計的教案是請學生徹底重新思考過去的種種經驗，從美國的小學教育、印度鄉村灌溉農作物的方法，乃至於創新組織的管理方式。如果你用改進的精神去研究每一種情況，就會找到無窮的機會。接下來，是否要投身其中、接下挑戰，就完全由你來決定了。

想中樂透，請先買彩票

有些人非常善於接下挑戰，扮演領導的角色。在這方面，我從大衛・羅斯可夫（David Rothkopf）的身上學習到很多，他是作家，也是羅斯可夫集團（The Rothkoph Group）的執行長，這是一家位於美國華府的國際顧問公司，而他的著作《超級菁英》（*Superclass*）探討的是世界上擁有非凡影響力和權力的一群人。[18] 羅斯可夫研究這些領導人構成的小圈圈，他們每年一度在瑞士的達沃斯鎮（Davos）舉行「世界經濟論壇」，大家共聚一堂，互相交流。我問羅斯可夫，這些人究竟與我們其他人有什麼不同。他提到的很多事，在本書也有其他人提過：爬到高位的那些人比周遭的人更努力，

17 婷娜・希莉格的〈皮夾的原型〉（Wallet Prototyping）影片簡單描述了這個練習，請參 QRCode 8。
18 有關羅斯可夫的影片，請參 QRCode 9。

QRCode 9 QRCode 8

有更充沛的精力推動他們持續向前，顯然也有更大的驅動力想要達到目標。他注意到，過去在小圈圈裡的這群人，往往繼承了家族的龐大財富和人脈。如今則不然，大多數成就非凡的人們是靠自己的力量辦到的。這就表示，通往成功的最大阻礙，其實是自己造成的。所以，最後的結果如同羅斯可夫所說：「對那些成就非凡的人來說，最大的盟友是其他人的怠惰懶散。」

事實上，羅斯可夫自己就展現這些特質，他天生擅長掌握機會，而不是坐等其他人給他機會。他創立的第一家公司是「國際媒體夥伴」（International Media Partners），其中一項業務是為頂尖企業的執行長舉辦研討會。這家新公司立刻面臨一個問題：如何讓那些位高權重、難以捉摸的企業高層共聚一堂？羅斯可夫和他的合夥人需要一個很吸引人的誘因，於是決定邀請美國前國務卿亨利．季辛吉（Henry Kissinger）來演講，應該可以奏效。但是，怎麼樣才能讓季辛吉願意參與呢？羅斯可夫找到季辛吉辦公室的聯絡方式，詢問季辛吉的幕僚，是否有可能邀請他來演講。沒問題……可是演講費是五萬美元，還需要一架私人飛機和兩名飛行員，以及配備司機的豪華轎車。

羅斯可夫的團隊根本沒有經費，因此任何數字都太高了……但是他說：「好，就這麼辦。」他認為只要有辦法讓季辛吉出席，其他的問題就會迎刃而解……結果確實如此！季辛吉接受邀請之後，他們又設法邀請到雷根總統時代的國務卿亞歷山大．海格

（Alexander Haig）、卡特總統時代的國務卿艾德蒙・穆斯基（Edmund Muskie），以及其他一長串知名講者。有了這份耀眼的名單，企業界的執行長蜂擁而至，他們也成功找到贊助者負擔所有的演講費。羅斯可夫不認識季辛吉和公司沒有錢的事實，並沒有對他造成阻礙。他的成功法門，是用很有創意的方式發揮自己的長處：他的幹勁，他很願意努力工作，以及他一定要成功的魄力。

故事便從這裡展開。羅斯可夫在國際媒體夥伴公司的合夥人傑弗瑞・賈頓（Jeffrey Garten），後來成為柯林頓政府第一個任期的商務部副部長，他邀請羅斯可夫擔任負責國際貿易事務的助理副部長。這似乎是個令人垂涎的好差事，辦公室很大，還有一大群幕僚。然而，羅斯可夫上任兩個星期就走進賈頓的辦公室，遞出辭呈。他沒辦法忍受官僚的環境，每一件事都慢如牛步，而他是個急性子，急著推動事務。賈頓找羅斯可夫到外面散步，告訴他以下的笑話：

從前有個人名叫高德賓，他最渴望的就是當有錢人。他每天都去猶太教堂，祈求上帝讓他中樂透彩。如此日復一日、月復一月、年復一年，但他從來不曾中獎。最後，高德賓無計可施，他向上帝禱告說：「你真的太令我失望了。」突然之間，上帝打破沉默，聲若洪鐘地回答：「高德賓，你一定得幫幫我，你至少可以買張樂透彩券吧！」

賈頓提醒羅斯可夫的是他原本就知道的事：如果沒有全心投入，就不會在華府「中樂透彩」。沒有人會把成功的工具奉送到他手上。於是，羅斯可夫回到辦公室，發揮自己天生的本領，設法推動事務，而不是坐等別人帶著作戰計畫出現。他很快明白，周遭有無數的坑洞等著填補，而他手上有龐大的資源可以運用。這個故事有個美好結局，羅斯可夫離開美國商務部幾年後，成為季辛吉顧問公司（Kissinger Associates, Inc.）的總經理。他初出茅廬時，只夢想著能與季辛吉待在同一個會議室裡，最後卻與季辛吉成為工作夥伴。

羅斯可夫為了寫書而做研究時，發現同樣的情節在他自己和其他人的人生中不斷上演。成功的人都能設法讓自己成功。成功沒有訣竅、祕方或萬靈丹。他研究的每一個人都有各自的成功故事，宛如指紋一般獨特，共同點則是他們都很關注當前的趨勢，也懂得運用自己的能力來建立影響力。他們設法改變歷史，而不是等待歷史改變他們。

想達成目標，關鍵在於「前進」

有一項重要的研究顯示，有些人很樂意突破自己目前技能的限制，也很樂意冒險嘗試一些新事物，他們的成功機會遠高於自認只有固定技能和天生能力的人，那些人把自己固定在特定的角色裡。卡蘿・德威克（Carol Dweck）是史丹佛大學心理系教授，她曾經廣泛探討這件事，清楚說明對自己擅長的事情抱持「固定思維」（fixed mindset）的那些人，長期來說比較不會像抱持「成長思維」（growth mindset）的人那麼成功。她的研究著重於我們對自己抱持的態度。有些人對自己能做的事有固定的想像，比較不敢冒險，以免讓固定的想像變得慌亂。然而，抱持著成長思維的人通常心態開放、勇於冒險，而且往往比較認真工作，以便達成目標。他們很樂意嘗試新事物，拓展自己的能力，一路走去不斷開闢全新的戰場。

這一切的開端，就是設定你的目標。你可以從任何地方著手，然後創造自己的故事，寫下你達成自己想要的目標的過程。我為學生設計一項練習，幫助他們做這樣的嘗試。練習的名稱是「專業幸福設計」（Professional Happiness Design, PHD）。基本上著重於你身在什麼樣的情境、你想達成什麼目標，以及你會用什麼方法達成目標。相關的提示包括：

- 你的核心價值是什麼？
- 你的優先事項是什麼？
- 你最強大的技能是什麼？

- 什麼事情能對你產生啟發和激勵？
- 你的短期目的是什麼？
- 你的長期目標是什麼？
- 你最瘋狂的夢想是什麼？
- 誰是你的個人顧問？
- 誰是你學習的榜樣？
- 你需要建立什麼樣的知識？
- 你需要學習什麼樣的技能？
- 你想要發展什麼樣的特質？

基本上，透過了解你現在的處境、幫自己設定目標，就等於把達成目標的舞台搭建起來。邦妮．希米（Bonny Simi）[19]正是採取這種做法。她十四歲的時候，有個人來到她的學校發表演講，分享他大膽無畏的夢想清單，於是希米設定她自己的目標清單，包括就讀很好的大學、參加奧運會、擔任電視記者，以及成為飛行員。她完成了所有這些事，一項接著一項勾選起來！

對希米來說，要達成這些目標絕不是簡簡單單就能做到。她由單親媽媽撫養，在加州的鄉村城鎮長大，而且是接受公共援助的對象。但就像她說的：「你必須懷抱夢想，認為夢想會成真。」她很早就設定目標，接著設法抓緊機會，帶領她實現目標。

舉例來說，她要怎麼參加奧運會呢？一開始，她在一九八〇年報名傳遞聖火，用她申請大學的申論題為出發點，最後獲選為加州的代表。既然從大學休學一個學季去參加奧運會，奧運會結束後就有大把的空閒時間。希米決定去上初級的運動雪橇課，學費是八美元。她發現自己能學會這種運動，於是在缺乏經驗但有大量決心的狀況下，她飛去德國，找到最好的雪橇教練接受訓練。沒有人邀請她，她就這樣冒出來。那些教練認為她一定知道自己在做什麼，於是同意她與德國國家隊一同受訓。連續猛烈撞擊五十二次後，她終於掌握竅門，每一天都有小小的進步。等她回到美國三個月後，成為全國最好的雪橇運動員，最終在一九八四年冬季奧運會的美國國家隊獲得一席資格。希米運用相同的工具，就是設定大膽的目標、想辦法達成、一路上持續有小小的進展，就這樣完成她所有的其他目標，包括成為電視記者和商業飛行員！[20]

如果你想完成某件事，關鍵就是開始朝那個方向前進。你要允許自己這樣做。環

QRCode 10

19 她的本名是邦妮·華納（Bonny Warner），與東尼·希米（Tony Simi）結婚後冠上夫姓。
20 有關希米的影片，請參 QRCode 10。

顧四周，在你身處的組織裡尋找需要填補的坑洞，爭取你想做的事，設法運用你的能力和經驗，樂意踏出第一步，並超越你以前做過的事。隨時都有很多機會等待有心人去發掘，不要坐等別人提出請求、對身邊的機會裹足不前，而是要掌握機會。成功需要努力、魄力和衝勁，但這些是寶貴的資產，讓成功的領導人與其他等待提拔的凡夫俗子截然不同。

05

矽谷的祕密醬汁

寫下你的失敗履歷表

學習每一件事，幾乎一定要親自嘗試、歷經失敗，直到成功為止。
矽谷把失敗視為創新過程的自然階段，
能夠接受成功路上的失敗，就像是矽谷的「祕密醬汁」。
能夠把失敗視為資產，正是創業環境的正字標記。

我要求學生寫一份失敗履歷表，也就是草擬一份履歷表，裡面列出他們最重大的所有失敗經驗，包括個人生活、學業和職場。針對每一次失敗，每一位學生必須描述他們從那次經驗學到的教訓。

想像一下這項作業在學生臉上引發的驚訝表情，因為他們太習慣宣揚自己的成功事蹟。不過完成失敗履歷表後，他們領悟到，這項作業強迫他們面對自己的錯誤，從那些經驗得到一些教訓。經過多年後，很多當年的學生持續在傳統的成功履歷表上添增最新資料時，仍然同步更新自己的失敗履歷表。

關於這項作業，其實是借用賓州州立大學教授麗茲・凱森威瑟（Liz Kisenwether）的點子。我第一次聽到這個點子就覺得很棒，這很快就能說明，失敗是你學習過程的重要部分，特別是你正在拓展自己的能力、初次嘗試某件事或承擔風險的時候。我們雇用有經驗的人，不只因為他們有成功的經驗，也因為他們有失敗的經驗。失敗提供學習的機會，你不會重蹈覆轍的機率也提高許多。失敗也顯示你曾經勇於迎接挑戰，拓展自己的潛能。事實上，如果你沒有偶爾失敗，那麼你承擔過的風險就不夠多。

以前我拿這本書的初期書稿給一些學生看，有好幾個人催促我要在書中收錄一份失敗履歷表的範例。我意識到，一定要放上我自己的失敗履歷表。因此，這是我自己的簡單版本，列出最重大的一些錯誤。真希望過去四十年來，我一直更新這份履歷表。回頭檢視這些早已拋到九霄雲外的所有錯誤真的很棒，可以從中學習。

婷娜・希莉格

職場上的失敗

沒有用心注意：我剛開始工作時，天真以為自己很了解組織的運作方式，並對公司文化妄下錯誤的評斷。但願我當初多花一點時間用心注意，少花一點時間妄自揣測。

太早放棄：我自行創業時，踢到了鐵板。我在技術和組織兩方面都遭遇極大的困難，花費了很大的力氣才找到解決辦法。但願當時更有自信一點，全力以赴找出解決辦法，而不是太早就賣掉公司。

學業上的失敗

沒有盡最大努力：大學的前兩年，我沒有把全副心力放在課業上，錯過了大好機會，沒能學到那些課程的精華，而機會一去就不復返。

人際關係的管理：我攻讀博士學位時，與指導教授關係緊張。我想要花很多時間教書，而她覺得我大部分的時間應該待在實驗室。但願我當時能找到方法協調我們兩人的目標。

個人的失敗

避免衝突：我在大學時代有一個男友，快要畢業時，我們倆對於接下來要走向何方覺得壓力很大。對於兩人的未來，我沒有直接解決問題，反倒結束了那段關係。但願當年能開誠布公討論兩人面臨的情況。

沒有聽從自己的直覺：我叔叔在紐約過世了。我住在加州，我家族有好幾個人勸我不要大老遠跑去參加喪禮，畢竟那會對紐約的親戚造成不便。我一直覺得很後悔。我學到的教訓是，有些事情你不能不去做。在那個情況下，我可以讓別人知道，我會安排自己的旅程，減少對其他人造成的負擔。

強尼斯．豪斯霍佛（Johannes Haushofer）是瑞典斯德哥爾摩大學的經濟學教授，他曾列出自己的失敗履歷表給學生看，顯示通往成功的路上充滿失策和失望。最後他把履歷表放上網路，與更多觀眾分享。那份文件詳細列出他沒有應徵到的所有工作、研究期刊寄來的拒絕刊登信，以及數十年來申請落空的研究經費。他最大的失敗是什麼呢？結果是：他這份失敗履歷表得到的關注度，遠超過他所有的學術研究成果！[21]

失敗是創新過程的自然階段

全世界各地對於冒險的意願和面對失敗的反應可說是南轅北轍。在有些文化裡，失敗要付出極高的代價，因此很多人根本不願意冒險。這些文化認為不管哪一種失敗都是恥辱，年輕人應該學習按照既定的人生道路前進，因為那樣有明確的成功機率，於是大家不願意嘗試任何可能帶來失望的事。在一些地方，例如泰國，一再失敗的人甚至可能選擇改名來改運，希望整個人生能重新開始。事實上，在二〇〇八年奧運會中，一位泰國舉重選手就把她的勝利歸功於賽前改名。

全球創業觀察（The Global Entrepreneurship Monitor, GEM）[22]是一項研究計畫，每年發行詳細的年度報告，分析世界各地的創業活動，觀察不同文化面對冒險和失敗所呈現的差異。GEM團隊發現，有些重要的因素影響著每個社會面對風險的態度。例如有些國家（像是瑞典）破產法的設計，公司關門大吉就永遠不可能擺脫負債。許多人知道失敗會為自己和家人帶來可怕的長期後果，因此從一開始就不想創業。其他一些國家的

21 豪斯霍佛的〈失敗履歷表〉請參 QRCode 11。
22 「全球創業觀察」請參 QRCode 12。

QRCode 12　QRCode 11

文化也對失敗者毫不留情。在世界上的一些地方，一旦失敗，朋友、鄰居和同事會永遠視你為失敗者。《華爾街日報》有篇文章描述好幾個國家的討債者採取的羞辱策略，包括西班牙。[23]討債者身穿奇裝異服，出現在欠債者家裡，目的是引起鄰居注意，藉此羞辱欠錢的人。在這種社會，誰願意冒著遭大眾嘲笑的危險，承擔不必要的風險呢？

鮑伯．艾伯哈特（Bob Eberhart）是研究組織理論和創業的教授，特別研究日本如何修改破產的法律，進而影響全國創業活動數量。這項自然實驗很適合做研究，因為日本撤除了公司經營失敗所要面對的困難後果，企圖以此方法振興全國經濟。結果顯示，以前創業失敗的後果很嚴重，降低失敗需付出的代價後，創辦高潛力公司的人變多了。

而眾所周知，美國矽谷這個地方把失敗視為創新過程的自然階段，能夠接受成功路上的失敗，就像是矽谷的「祕密醬汁」。作家暨創投家高米沙表示，能夠把失敗視為資產，正是創業環境的正字標記。他還說，每次看到從來不曾坦承失敗的人，他總是感到好奇，很想知道他們究竟從過去的經驗學到什麼。

所有的學習都來自失敗

沒有人想要失敗，這是當然的。然而，從最根本的層面來說，所有的學習都來自失敗。看看嬰兒學步好了，嬰兒先從爬行開始，然後是跌倒，最後才能將大人視為理所當然的走路技巧練習得很好。在小孩的成長過程中，每次學習一樣新本事，無論是接住棒球或做代數題目，都是透過同樣的方法來學習，歷經實驗和失敗，直到成功為止。我們不會期望孩子第一次做每件事就能做到盡善盡美，所以也不該期望大人承擔複雜的任務可以第一次就做得完美。

學習每一件事，幾乎一定要親自嘗試、歷經失敗，直到成功為止。你不可能光是閱讀足球規則就學會踢足球，不可能光靠研讀樂譜就學會彈鋼琴，也不可能光看食譜就學會煮菜。我想起自己在研究所攻讀神經科學的時候。我選修了好幾門課，「學習」神經生理學的原理。雖然筆試都過關，但直到進入實驗室，在顯微鏡下解剖神經，用小小的電極刺激神經，親手轉動示波器上的旋鈕時，我才透過反覆摸索的實驗，真正理解課本裡的概念。同樣的，你想讀多少本關於領導力的書籍就儘管去讀，但除非能體驗到領導人真正面對的挑戰，否則你不能說自己做好準備。

梅費爾德人才培訓計畫（Mayfield Fellows Program）就給學生這樣的機會，我和拜

23 文章由記者湯瑪斯．卡當（Thomas Catan）撰寫，標題是〈西班牙的討債者穿著浮誇的晚禮服追討欠款〉（Spain's Showy Debt Collectors Wear a Tux, Collect the Bucks），刊登於二〇〇八年十月十一日的《華爾街日報》，請參 QRCode 13。

QRCode 13

爾斯教授共同主持這個課程將近二十年。[24]課程為期九個月，在第一季的課堂上，我們透過案例研究，對創業做深入的介紹；接下來的暑假，十二位學生會去新創公司實習。他們在每個企業接受重要的職務，並由公司的資深主管密切指導。他們各有第一手的體驗，像是確認和處理每個組織都會面對的高風險、在資訊不完整的情況下做決策的壓力，以及在不斷變動的環境中領導眾人的挑戰。歷經密集的暑期實習後，學生回到課堂上，以十個星期的時間，聆聽每位同學報告他們在各自公司發生的狀況。每一堂課都由一名學生負責，帶領大家討論實習期間發生的一個重要議題。

參與梅費爾德人才培訓計畫的學生發展出很強的觀察力，能夠看出在變動環境中經營一家快速發展的公司所代表的意義。他們觀察這些公司努力因應各種議題，像是資金即將用罄、高階經營團隊變動之後的改組、讓尖端科技派上用場的挑戰，以及與業界巨擘彼此競爭的可怕任務等。暑假結束時，學生都明白，在未來一、兩年內，他們實習的公司只有幾家會存活下去。雖然才華出眾的團隊付出所有努力，但許多公司終將失敗。

整個創投業界基本上就是投資各式各樣的「失敗」，畢竟他們資助的大部分公司到頭來都走向破產。其他產業的成功率也差不多，包括玩具工業、電影產業和出版業。就以出版業為例，美國每一年出版的書籍約有一百萬種，而約有半數的書是自費出版。根據圖書調查公司（Bookscan）的統計，美國每一本書的每年平均銷售量不到兩百五十本，總銷售量也不到三千本。只有極少數的書會大暢銷，而且幾乎不可能預測哪一本會大賣，結果出版社只好持續出版各種不同的書，希望新書本本成功，但也知道只有極少部分的書能登上暢銷書排行榜。出版社、玩具製造商、電影製片人和創投家都明白，通往成功的路途上布滿失敗的軌跡。

米爾．伊姆仁（Mir Imran）是連續創業家，曾經創立數十家公司，很多是同時創立，成功率非常驚人。別人詢問他這點時，伊姆仁坦承，關鍵在於及早終止不太可能成功的計畫。他用一套嚴苛的程序，把成功機率很低的計畫淘汰掉，多出來的精力則用在成功希望較高的計畫，幫助這些公司達成目標。創辦一家新企業的起步階段，他運用嚴格的紀律和分析，以提高公司長期成功發展的機會。

避免「無法放棄症候群」

雖然決定放棄某個計畫永遠都很困難，但在創業初期就決定放棄還是容易得多，因為尚未投入大量的時間和心力。這也發生在我們人生中的各個方面，包括工作、股票投

24 有關「梅費爾德人才培訓計畫」，請參 QRCode 14。

QRCode 14

資和每一種人際關係。達文西（Leonardo da Vinci）曾說過：「在剛開始的時候拒絕，要比到了最後才拒絕容易許多。」組織行為專家羅伯・蘇頓（Robert Sutton）在他的著作《拒絕混蛋守則》（*The No Asshole Rule*）描述這條「達文西守則」，他說你一發現工作不對勁，就該離開這種不適合的工作。針對這點，他以更廣泛的角度做了歸納：

雖然多數人都知道做決定時不該考慮「沉沒成本」，但「投入太多而無法放棄症候群」仍是人類行為背後的強大驅動力。為了將投入的大量時間、心力、受到的折磨、年復一年致力於某件事的狀況合理化，我們不斷告訴自己和別人，做這件事一定是很值得、很重要的，否則我們絕不會投注人生的這麼多心力。

「放棄」其實有很大的激勵力量。放棄能提醒你：一切操之在我，想要什麼時候離開都可以。你不需要變成看守自己的警衛，非得把自己鎖在一個不適合的地方不可。然而這不表示放棄是容易的事。我曾經辭掉不適合的工作、放棄失敗的計畫，但是每一次都非常困難。我們從小學到的觀念都是放棄就是示弱，其實很多情況恰好相反。有時候，放棄是最勇敢的選擇，因為你需要面對行不通的事實。好消息則是，放棄之後，你可以像一張白紙般重新開始。如果肯花時間思考究竟發生什麼事，放棄可以成為無價的學習經驗。

高米沙本來是克萊里斯公司（Claris）的副總裁，這是從蘋果電腦分出來的電腦軟體公司。他離開副總裁的職位時，覺得自己很失敗。他很清楚自己想要達成的目標，等到發現絕對無法達成時，便選擇離開克萊里斯。高米沙的「失敗」眾所皆知，打擊也很大。不過他很快就明白，放棄這份工作讓他有機會重新審視自己的熱情，並判斷怎麼做最能發揮所長。比方說，他在克萊里斯覺得如此不愉快，顯然是因為他對產品和自己的工作內容都缺乏熱情。他喜歡思考公司的重大藍圖、考量公司的願景，但是對每天例行的管理工作興趣缺缺。

等到有一家新公司邀請高米沙擔任執行長時，他反而建議讓他與執行長「合作」，一起為公司設定方向。採取這種方式，他為自己打造一個新角色「虛擬執行長」，後來他就以這種方式參與數十家公司的經營，很多公司是同時進行。他擔任執行長的教練、徵詢意見的對象和顧問，但不必承擔日常營運的責任。這樣很適合他和各個公司。高米沙告訴我，失敗讓他比較懂得把熱情與周遭發現的機會結合起來。這件事提醒我們，學習什麼時候該放手是很重要的。你需要知道什麼時候該停止嘗試某個行不通的構想、不再緊抱不放，而什麼時候又該向前看，展開新的嘗試。

究竟什麼時候該罷手？

其實有很多方法可以轉敗為勝。關於如何把嚴重的挫敗轉變為一大勝利，有個故事我一直很難忘懷。故事發生在一次創新大賽中，參賽學生必須在五天內為橡皮圈創造最大的價值。其中一個小組決定創造一棵「許願樹」。他們在校園中央的書店對面找到一棵樹，用鐵絲網把樹幹圍起來，然後用橡皮圈把字條繫在鐵絲網上。他們的構想是，經過這棵樹的人可以把自己的願望繫在許願樹上。小組利用線上網站和電子郵件名單廣為宣傳，而且親自站在那棵樹前面，邀請路過的人繫上願望。可惜大家就是不感興趣。

為了營造氣勢，小組開始把自己的願望繫在樹上，但沒什麼效果。於是他們更積極宣傳，主動邀請路過的人寫下心願，效果依然有限。更令他們沮喪的是，不到十五公尺外有一個類似的企畫吸引了很多人的注意。另一組用許多大橡皮圈做成一個巨大的網，邀請學生在網上懸掛他們的祕密。橡皮圈編織的大網上掛滿幾百張色彩鮮豔的紙片，每張紙都藏著不同的祕密。紙片在微風中飄揚，與附近那棵空蕩蕩的「許願樹」形成鮮明的對比。

許願樹小組決定承認失敗，但是並沒有就此罷手。他們從這次經驗吸取教訓，製作了三分鐘的動人影片，記錄這次失敗的經驗。小組描述自己如何嘗試各種方法想讓許願樹成功，也將他們的失敗與「祕密網」的成功比較一番。他們非常公開地慶祝自己的失敗，並分享他們從許願和祕密的「黏著度」學到什麼經驗。有些故事、產品和網站非常「黏人」，是因為它們抓住你的注意力且緊抓不放。小組也想清楚了，這只是通往下一個點子的起步而已，以後還會發想出一個又一個的點子。他們確實對於創新過程學到一些教訓，因為後來贏得那一年的史丹佛商業計畫書競賽，提出醫學科技方面的創業計畫。[25]

即使是很出色的構想，也需要付出龐大的努力才能達到成功的結果，因此很難知道什麼時候應該要繼續推動某個問題、期盼出現突破，而什麼時候又應該放棄。我們都知道，持之以恆是值得讚賞的美德，但什麼時候繼續堅持下去、永遠不會有起色卻變成愚蠢的行為呢？吉爾・潘奇納（Gil Penchina）是連續創業家和創投家，他把這種兩難的困境描述得很貼切：「如果你把汽油淋在木頭上，頂多是把木頭弄溼了，可是如果把汽油淋在火苗上，轉眼就是煉獄。」[26]換句話說，重點是要知道，你花費這麼大的心力，

25 影片〈史丹佛橡皮筋許願樹〉（Stanford Rubber Wishing Tree）於二〇〇八年二月二十八日由StanfordBiodesign上傳，請參QRCode 15。

26 有關潘奇納的演講，請參QRCode 16。

QRCode 15

QRCode 16

究竟有沒有可能回收。這是人生最艱鉅的挑戰之一。我們經常陷在死胡同裡面太久。這也發生在公司投資於注定失敗的產品或計畫，或某個人死守著不愉快的工作、執著於痛苦的感情，一心指望情況會有所改善的時候。

是的，失敗很難熬。但這是學習過程的正常部分。與其用悔恨的心情看待失敗的開始和艱困的結尾，我建議你把每一種狀況都視為「資料數據」的來源。科學家一天到晚都這樣做。他們知道每一次的實驗都有可能產生意料之外的結果，而意料之外的結果經常都是重大靈感的來源。其實生活的所有部分都是如此。如果你把每一天都視為一場連續的實驗，最後就得到一大堆很棒的資料，可以從中發掘出很有價值的深刻洞見。

06

迎向眼前的狂風暴雨

歷經失敗才能嘗到成功的果實

嘗試新的事物，需要願意承擔風險。
分析每一種可能結果的風險，
再為每一種結果發展出周詳的計畫，
最後擬定替代方案，為逆境做好萬全的準備。
那麼你就有能力承擔風險，開創大局面！

你要怎麼知道何時該罷手，何時又該解決某個問題呢？要能清楚區分你完成某件事的渴望，以及這件事會完成或不會完成的可能性，永遠是巨大的挑戰。當然，你愈投入某個計畫，計畫就愈可能成功。但有時候無論投入多少時間、金錢或汗水，那些努力卻永遠不會有結果。我能找到最有科學根據的答案是：聆聽自己內心的聲音，檢視你擁有的各種選項。基本上，你必須開誠布公，與自己好好商量。你有沒有毅力去克服眼前的問題，以便得到成功的結果？還是最好改走另外一條路？

退場的藝術

如果決定放棄，要確定你能處理得很好。這件事真的是知易行難。我看過很優雅的退場身手，也看過有人退場的姿態太難看，給人留下不好的印象。如同先前討論過的，你的人生經常在沒料到的情況下，一而再再而三碰到同一個人。單單這點就足以提醒我們，退場時必須深思這件事對周遭的人帶來的後果。優雅的退場，除了要顧及日後可能帶來的影響，也因為原本就該這樣做。你絕對不應該自以為是合理退場，卻傷害到同事、朋友或過去的公司。

有位同事曾告訴我，他的助理非常能幹。他給助理打很高的考績分數，還花很多時間找她討論留在部門內的生涯發展。助理從一開始就說得很清楚，她希望最終能轉到另一個領域工作，我同事也支持她的想法。事實上，他還告訴她，隨時都很樂意幫她寫推薦函。在這樣的前提下，這位助理有一天進辦公室提出辭呈，打算兩個星期後離職，讓我的同事非常錯愕。當時他們正在進行一個大專案，截止日期是三個星期之後，而她打算在專案結束前一個星期離職，讓整個團隊陷入非常困難的處境。我的同事問過她好幾次，是否考慮再多待一星期，幫助他完成專案，因為這個案子直接牽涉到幾十位同事，間接參與的人更高達幾千人。她拒絕了，只說：「我知道無論什麼時候離開，你都會不高興，所以我決定按照自己的想法。」我的同事覺得好像挨了一記悶棍。在專案的最後一星期，幾乎不可能找到人取代她留下的空缺，每個人只好不眠不休地工作，努力填補缺少的人力。與她共事過的所有人，都會記得她做的這個決定。儘管她在共事期間表現出色，但是過去幾年的優異表現，完全無法彌補她在離職前幾個星期對自己的聲譽造成的傷害。

徹底相反的是，我看過其他人辭職時表現得很有格調。即使因為工作不適合而離開，然而離開的方式讓其他人留下很好的印象，因此每個相關人士日後隨時都很樂意為他們美言一番。他們辭職時提供足夠的時間來填補空缺，並且花時間把工作安排就緒，因此別人來接他們的工作都很容易上手，他們甚至提議協助工作交接。這些人深諳優雅離職的藝術。

負面經驗的轉機

在困難的情境中工作，其實經常得到巨大的額外好處，而不是只有離職一途。有時候這牽涉到各種情況，像是你要弄清楚，該怎麼跟一個難纏的人物一起合作、怎麼利用有限的資源完成任務，或者如何搞定某個意料之外的技術問題等等。黛比．斯特林（Debbie Sterling）便是很棒的例子，她是「戈蒂布洛克斯」（GoldieBlox）的創辦人，這家公司為女孩子製作拼裝式的玩具，幫助她們學習工程學。她創立這家公司的靈感，是根據自己童年時期很少接觸到工程學的經驗，而工程學在這個世界上擁有解決重要問題的力量。耗費無數的時間、釐清新創事業的千頭萬緒之後，剛開始在募資平台「Kickstarter」獲得非常大的成功，她率領的小團隊最後達到「逃逸速度」，募集到一百萬美元，協助他們發展產品。

接著利用群眾行銷，他們贏得在二〇一四年超級盃美式足球賽播放廣告的權利，得到巨量的曝光和熱情。戈蒂布洛克斯的產品訂單開始大量湧入，他們賣出幾萬組玩具。可惜事情的進展並不順利，爬升太快而付出代價。結果是產品中的積木組塊出了問題，沒辦法正確組合起來。公司接到消費者的抱怨，告訴他們玩具有瑕疵。對於斯特林和她的團隊來說，這是一次極大的打擊。歷經了那麼多的努力和成功，這次巨大的失敗為他們帶來重重一擊。該怎麼辦？

他們決定仔細研究問題，以工程師的身分好好解決。處理了製造方面的問題並修正積木後，他們需要讓失望的消費者重拾信任，做法是把一百萬塊的新積木寄給所有消費者，說明他們所犯的錯誤，以及如何修正錯誤。最重要的是，他們以遊戲中虛構角色的名義，給每位孩子寫了一封專屬信件。「戈蒂」向大家說明，工程師不是永遠每一次就做對，但那不表示你應該放棄。他們解釋這次發生的狀況，分享舊積木和新積木的工程設計圖稿。為了公司也為了消費者，他們把負面經驗轉變成正面的學習機會。事實上，他們把這次失敗轉變成發揮影響力的機會，讓公司和產品都得到更多的信任和支持。[27]

這個例子說明了這場騷動如何處理。斯特林必須把自己深深失望的情緒反應轉變為樂觀的態度，必須把他們與客戶的對話從失望轉變成感激，也必須改變自己與整個問題之間的關係，將之視為一次很好的機會。

27 有關斯特林的影片，請參 QRCode 17。

QRCode 17

迎接不可避免的失敗

聆聽成功人士的經驗時，這樣的主題會一次又一次出現，無論他們面對的是大規模或小規模的挑戰。他們很樂意嘗試許多事物，也確信其中一些經驗會產生很好的成果。但他們也體認到，沿途會有很多坑洞。這種方法可以用在大大小小的不同挑戰。接下來的故事是一位朋友告訴我的：有位男子似乎有非常好的女人緣，他並不是特別有魅力、風趣、聰明或吸引力，因此實在令人百思不解。有一天，我朋友問他，他怎麼面對生命中不斷來來去去的女子。他透露其實很簡單，遇見每一位動人的女性，他都邀請她們約會，其中一些人會答應。他願意承擔許多次的拒絕，以換取少數的成功。這個例子帶來最基本的一課：如果你挺身嘗試許多事，就會比坐等電話響起的那些人更有可能成功。

這個故事與我父親給我的忠告不謀而合：嘎嘎作響的輪子雖然不見得能改變結果，卻會讓你早一點知道結果。不要坐等別人說「好」，你可能永遠都等不到。最好是早一點知道結果是「不行」，於是你可以把心力投注於比較可能成功的機會。這也適用於找工作、籌募創業資金、尋找約會對象或任何其他嘗試。也就是說，如果你不斷地衝撞極限，而且不怕失敗，最後很可能會成功。如同阿爾伯特．薩沃亞（Alberto Savoia）在《爆賣產品這樣來！》（*The Right It*）一書中所述，這種形式的實驗稱為「前型」

（pretotyping），意思是很快執行一些實驗，快速判斷你是否走著正確的方向，如果實驗證明你接近目標了，那麼可以繼續添加柴火；萬一走在錯誤道路上，就不必再費力。

很多人不切實際，以為自己應該是沿著一條筆直的線條，不斷往象徵成功的右上方前進。但這絕對不會發生，事實上也太過狹隘。如果你注意看一位成功人士的生涯發展圖表，會發現總是有高低起伏，然而把時間拉長來看，那條線確實往右上方延伸過去。當你陷入向下的時期時，很難看出暫時的沉潛其實是為下一次的上升預做準備。其實歷經向下的週期後，線條向上的斜度經常比原先更大，表示與原本沿著穩定且可預期的向上路徑相比，如今你達到的成就更高了。

卡洛·巴爾茲（Carol Bartz）曾任軟體公司歐特克（Autodesk）和雅虎（Yahoo!）的執行長，她用另一種絕佳的比喻來描述成功的生涯發展途徑。[28]她認為關於生涯的發展，你應該看成是環繞著三維立體的金字塔往上爬，而不是沿著二維平面的梯子往上爬。沿著金字塔的側面移動時，經常讓你能夠累積基本經驗。表面上看來，也許你往上爬的速度不是很快，但你正在累積技術和經驗的基礎，往後會證明非常有價值。

28 有關巴爾茲的影片，請參 QRCode 18。

QRCode 18

再補充另一種觀點，喬許・麥克法蘭（Josh McFarland）曾深入參與新創公司的發展長達二十年，他指出，我們對於自己處境的變化很敏感，感受到的幅度比實際情況更大。他說：「我們感受到劇烈的變化，但任何時刻的相對變化幅度其實沒有那麼大……想想看你搭乘一架飛機。你其實無法判斷飛行時速究竟是四百公里或八百公里，但可以判斷自己是在加速或減速……此外，你也真的很難判斷自己的高度究竟是三萬英尺還是三萬五千英尺，但確實可以判斷何時遇上一陣擾流而向下直墜五百英尺……因此，每當人生的狀況好轉時，感覺真的很棒。如果狀況惡化，感受確實很差，無論你身處於往右上方延伸的曲線的哪個位置。」[29]

關於生涯發展不可預測的本質，有一個很經典的故事是史帝夫・賈伯斯（Steve Jobs）。賈伯斯是蘋果電腦和皮克斯動畫公司（Pixar）的創辦人，他的成功故事是當代的傳奇，不過他有許多最棒的成功結果都來自於失敗。二〇〇五年，他在史丹佛大學發表畢業典禮演講，以生動的方式描述這些故事：

我們剛發表自己最好的作品，麥金塔電腦，而且比預定時間提早一年，我也剛過完三十歲生日。然後，我被炒魷魚了。你怎麼可能被一家你創辦的公司炒魷魚呢？事情是這樣的，隨著蘋果公司日益茁壯，我們聘請一位才華洋溢的人和我一起經營公司，第一年一切都很順利。但接下來，我們對未來抱持的願景出現分歧，後來還大吵一架。我們鬧翻以後，董事會站在他那一邊，所以我在三十歲那一年被判出局。而且是在眾目睽睽下出局。占據我整個成年生活重心的事業就此消失不見，我受到很大的打擊。

有好幾個月，我完全不知道該怎麼辦。我覺得自己辜負了前一代創業家的期望，他們交棒給我，我卻把棒子掉到地上。我去拜訪大衛・普克（David Packard）[30]和羅伯特・諾宜斯（Robert Noyce）[31]，向他們道歉，因為我把事情搞砸了。我在眾目睽睽下失敗，於是甚至想要逃離矽谷。但是我慢慢開始有所體悟：我仍然熱愛自己做的事，蘋果公司發生的變化也絲毫沒有改變這一點。我遭到拒絕，但依然熱愛一切。所以，我決定重新開始。

我當時並不明白，不過結果證明，被蘋果公司炒魷魚可能是我這輩子碰到最棒的事。我拋開了一定要成功的沉重鬱悶，取而代之的是再度當個新人、對每件事都不是那麼有把握的輕鬆自在。這讓我解開束縛，進入這輩子創造力最豐富的一段時光。接下來

---

29 關於麥克法蘭的談話，〈回答常見的新創公司問題〉（Answering Common Startup Questions），收錄在「創業思維領袖」系列演講，二〇一八年三月七日，第十三季第十五集，請參 QRCode 19。

30 普克是惠普公司（HP）的共同創辦人。

31 羅伯特・諾宜斯是英特爾公司（Intel）的共同創辦人，有「矽谷之父」的稱號。

QRCode 19

的五年間，我創辦一家名為「NeXT」的公司，還有另一家公司叫皮克斯「Pixar」，而且愛上一位很棒的女子，她後來成為我的妻子。皮克斯後來創作出全世界第一部電腦動畫長片《玩具總動員》（*Toy Story*），現在是全球最成功的動畫製片廠。後來事情出現驚人的轉折，蘋果買下NeXT，我回到蘋果，而我們在NeXT開發的技術，成為蘋果現在復活的核心。我和蘿琳也建立一個美滿的家庭。

我很確定，如果當年我沒有被蘋果炒魷魚，這一切都不會發生。這是一帖超苦的藥，但我想，病人需要這帖藥。有時候，人生就是會用磚塊猛砸你的頭。32

許多人一再傳誦這個故事。基本上，大多數人的人生道路都布滿了大大小小的失敗，關鍵是要有能力從失敗中站起來。我很喜歡一句諺語：「到最後一切都很好。如果沒有很好，那就是還沒到最後。」我們的故事永遠還沒說完，而且通常都有方法可以重新站起來。

從谷底反彈

對大多數的成功人士來說，人生的谷底鋪了許多小石頭，而不是一大片水泥地。他們撞到谷底時，會先稍稍下沉，接著反彈回去，把衝擊的力道轉化為掌握其他機會的推動力。

美國捷藍航空（JetBlue）的創辦人大衛・尼爾曼（David Neeleman）就是個好例子。[33] 尼爾曼最初創辦了莫里斯航空（Morris Air），公司快速成長，業務蒸蒸日上，於是在一九九三年，他把公司以一億三千萬美元的價錢賣給西南航空公司（Southwest Airlines），自己也變成西南航空的員工。

短短五個月後，尼爾曼就被掃地出門。他在西南航空工作得很痛苦，而據他所說，他也把公司搞得快抓狂了。合約上有五年的競業禁止條款，因此他不能創辦新的航空公司。這對他而言簡直像一輩子那麼長。但花了一段時間從這次打擊慢慢恢復後，尼爾曼決定把這段時間用來規畫下一次的航空新事業。他把公司的所有細節徹底思考一遍，包括公司的價值觀、完整的顧客體驗、他們會雇用的員工類型，以及員工訓練和薪酬制度的種種細節。尼爾曼說，遭公司開除和必須等待一段時間才能創辦另一家航空公司，是

32 引自賈伯斯的二〇〇五年畢業典禮演說，請參考二〇〇五年六月十四日的《史丹佛新聞》，影片與全文請參 QRCode 20。
33 有關尼爾曼的影片，請參 QRCode 21。

QRCode 21　QRCode 20

他這輩子碰過最棒的事。等到禁止競業期間結束，他已經準備好再次出擊，創辦了捷藍航空。尼爾曼和賈伯斯一樣，能把看似悲慘的困境轉變為極具生產力和創造力的時期。

當然，失敗一點也不好玩。能向全世界描述我們成功的經驗，肯定有趣多了。但失敗底下隱藏了不可思議的大好機會。比起持續的成功，失敗更能迫使我們重新評估目標和優先順序，推動我們更快速進步。

成敗只在一線間

然而，太安於失敗也有風險。大力讚美失敗的人，是否也注定會失敗？想像一下，公司的「本月員工」的照片，展示的是犯下最多錯誤的員工。不過，如同史丹佛大學管理科學系教授蘇頓在《11 1/2 逆向管理》（*Weird Ideas That Work*）書中指出，只獎勵成功可能會扼殺創新的動力，因為不鼓勵冒險。蘇頓建議，組織不妨考慮獎勵成功也獎勵失敗，但是懲罰怠惰無為。這樣一來會鼓勵員工積極嘗試，比較可能帶來超乎預期的有趣成果。

我並不是說，你的公司應該要獎勵愚蠢、懶惰或無能的員工。我的意思是，你應該

> 要獎勵聰明的失敗，而非愚蠢的失敗。如果你想要一個有創造力的組織，那麼怠惰無為是最糟糕的失敗方式……最重要的是，創造力乃是從行動中產生，而不是來自於無所作為。[34]

蘇頓還表示，有強力的證據顯示，每個人成功和失敗的比例其實是一樣的。所以，如果你想要有更多的成功，就必須願意容忍更多的失敗。失敗與成功是一體的兩面，你不能只想要成功而不要失敗。

史丹佛設計學院很強調必須甘冒大風險才能有大收穫。我們鼓勵學生，即使計畫不成功的機率很高，也要胸懷大志。為了鼓勵這點，我們特別獎勵壯烈的失敗。我們告訴學生，寧可轟轟烈烈的失敗，也不要平凡無奇的成功。史丹佛工學院前任院長吉姆．浦朗墨（Jim Plummer）就抱持這樣的理念。他告訴他的博士班學生，他們應該要挑選成功機率只有百分之二十的論文題目。有的學生聽了以後非常沮喪，以為這表示他們得做五個不同的專題，才有辦法完成博士論文。其實恰好相反。設計實驗時，應該從失敗的實驗獲得資訊，而讓成功的實驗創造出重大突破。如果只做一些漸進式的小實驗、得到

34 有關蘇頓的影片，請參QRCode 22。

QRCode 22

可預測的結果，創造出來的價值遠不如冒著大風險的實驗，因為後者比較有機會得到較大的收穫。

我們經常走在成功和失敗的邊緣，很難看清楚最後會落在哪個方向。這種不確定性在高風險的事業中更加放大，例如餐廳、高科技新創公司，甚至運動項目，成功與失敗只有一線之隔。就以環法自行車賽為例，在陡峭蜿蜒的山路上上下下騎了二十一天之後，贏家和輸家的差距可能只有幾秒而已。有時候只要稍微加把勁，就能反敗為勝。

有些公司非常善於從別人放棄的失敗產品找到價值。Google和其他網路公司都仰賴「A－B」測試法，也就是說，他們推出軟體時，同時推出兩種以上的版本，然後很快從回饋的意見得知哪個版本比較成功。這些公司發現只要做一些小小的修正，例如改變按鈕的顏色、對某個訊息增加一個字，或者移動圖像的位置，就能大幅改變顧客的觀感。有的公司在一天之內推出同一個軟體產品的幾十種版本，顧客使用每一種版本的經驗都有些微差異，於是公司對這些反應進行評估。

你願意承擔哪一種風險？

嘗試新的事物，需要願意承擔風險。不過，冒險並不是非對即錯的事情。大多數的人能夠安心承擔某些類型的風險，但是對其他類型的風險感到不安。甚至，你無法事先看出哪些風險可以安心承擔、感覺風險沒那麼高，卻很可能放大這些事情的風險，讓你更加焦慮。比方說，你可能很喜歡以閃電般的速度從滑雪坡道飛馳而下，或者玩高空跳傘，不認為這些活動有風險，那麼你對於身體所承擔的巨大風險就會視而不見。至於不想拿身體去冒險的其他人，寧可待在滑雪小木屋裡啜飲熱巧克力，或用安全帶把自己緊緊綁在飛機座位上，而不是穿上滑雪靴或綁著降落傘。另一方面，你或許可以輕鬆自在地面對社交風險，例如對著大批群眾發表演說。然而對其他人來說，他們可能去高空跳傘感到非常快樂，卻永遠也不願意在公開場合開口說話。

風險有很多種形式，包括身體、社交、情感、財務、道德、創意、政治和智識等方面的風險。我請學生用圖1的「風險量表」描繪他們自己的風險概況。圖2是我自己的例子。

只要稍微回想一下，每個人都知道自己願意承擔哪一種類型的風險。大家也很快就明白，冒險並不是一成不變。很有趣的是，大多數的創業家和投資家並不認為自己是很敢冒險的人。經歷過分析情勢、打造出很棒的團隊、擬定周詳的計畫後，他們認為已經盡可能把大多數的風險都排除在外。事實上，他們把大部分的力氣花在降低自己的創業風險。

圖 1

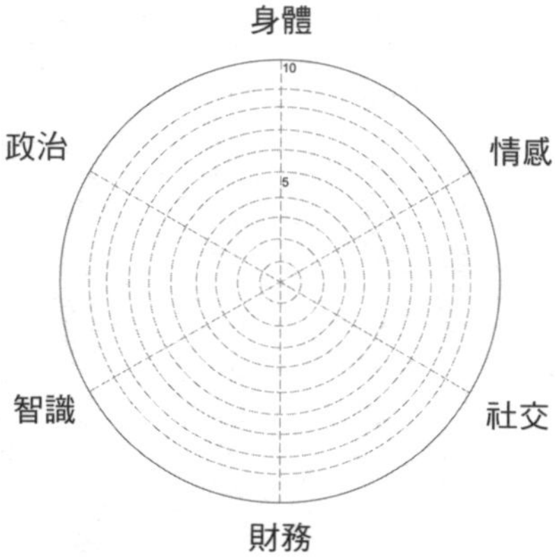

圖 2

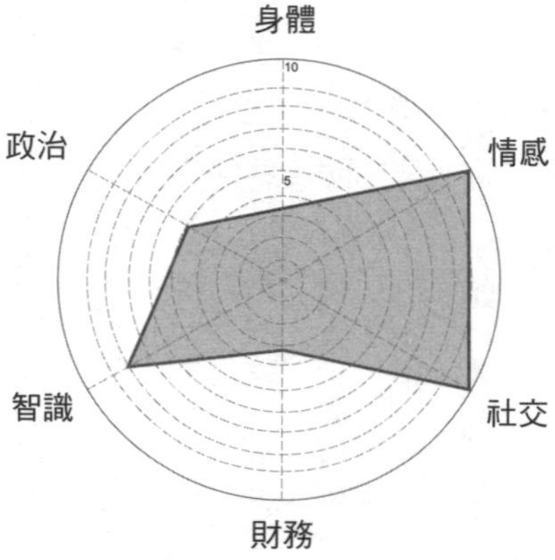

史丹佛大學管理科學及工程學系教授伊莉莎白・科乃爾（Elisabeth Cornell）是風險管理專家。她表示，分析風險情勢時，很重要的是界定出可能的結果，嘗試找出每一種結果發生的機會。完成這個動作後，就需要為每一種可能的結果發展出周詳的計畫。科乃爾表示，如果你願意接受所有的可能結果，那麼採取高風險／高報酬的發展路線就很合理。你應該要為逆境擬定替代方案，做好萬全的準備。我鼓勵大家多讀幾遍前面這幾句話。風險管理專家相信，你應該要根據所有結果的可能性來做決定，包括最好和最壞的情境，而對所有可能的結果做好充分準備時，也願意承擔很大的風險。

同樣重要的是，請記住：所謂好的決定，根據的是針對可能的風險做了精確分析，但還是可能產生不好的結果，這是因為風險始終存在。以下是個簡單的例子。我踏出校門後，很快得到一個工作機會，但不確定是不是非常適合我。我審慎考慮了幾天後，決定拒絕那次機會，以為很快就會找到一份更適合我的工作。可惜經濟情勢急轉直下，我花了幾個月都沒找到另一份工作。我很後悔沒有接受那個職位，那份工作開始變得愈來愈吸引人。我根據當時能夠掌握的所有資訊，做了一個很好的決定，但在短期內沒有帶來好結果。這種事經常發生，畢竟我們無法掌握所有的變數。

向史丹利自動車學習

同樣的，在大多數情況下，你都必須在資訊不充分的情況下做決定。換句話說，面對每一個選項周圍的許多不確定性，你還是必須做出選擇並採取行動。那麼，你要如何填補欠缺的知識呢？我建議大家看看「史丹利」（Stanley）的例子，從中尋找靈感。「史丹利」是一輛自動車，由史丹佛大學的人工智慧實驗室（Artificial Intelligence Laboratory）和福斯汽車的電子學研究實驗室（Electronics Research Laboratory）設計和製造，目的是參加美國的國防高等研究計畫署（Defense Advanced Research Projects Agency, DARPA）舉辦的「大挑戰」（DARPA Grand Challenge）；國防高等研究計畫署是負責為軍方發展尖端科技的機構。想知道面對不完整的資訊要如何做決定，史丹利的內部運作方式可以提供一些線索。在DARPA大賽中，無人駕駛的車輛必須在越野賽中行駛兩百一十二公里的賽程，每一輛都必須穿越三個狹窄的隧道，完成一百多個急轉彎，並通過陡峭懸崖兩側的隘口。雖然贏面不大，但史丹佛的「史丹利」贏得冠軍。

史丹利身上擁有很多厲害的科技，包括顯示地形的3D地圖、全球定位系統、陀螺儀、加速度計、攝影機，以及輪子上的感應器。此外，車上的軟體能分析它接收到的所有數據，用以控制自動車的速度和方向。但史丹利獲勝的關鍵，在於它能以不完整的資訊做出決定的高超能力。設計師能夠完成這點，方法是讓史丹利模仿人類的學習能力。他們把人類的各種決定做成資料庫，自動車需要判斷該怎麼做時，便從中擷取資料。他們把這些資料灌進一個學習程式，與自動車的控制系統相連結，大幅減少了判斷過程中的錯誤。

這個故事突顯出一個事實：學習別人的經驗，能夠大幅降低你的失敗率。你不必事事都親自嘗試，而應該像史丹利這樣，從周遭環境蒐集所有的資料，然後汲取前人的智慧，盡可能做出最好的選擇。你準備做出每一個選擇時，只需要環顧四周，學習身邊的眾多榜樣。

如果你冒險嘗試，結果失敗了，請切記，這並不代表你這個人很失敗，而是外在因素使然。唯有抱持這樣的態度，你才能爬起來，繼續不斷嘗試。或許你的構想不怎麼高明，也可能錯過時機，或沒能掌握成功所需的資源。正如同設計出「PalmPilot」的電腦科學和神經科學家霍金斯說的：「你不是你的公司，你也不是你的產品，但你很容易認為就是如此，而且一直陷在裡面……如果你失敗了，甚至如果成功了，你真的需要把這些事情區分開來。你的公司有可能失敗，你的產品有可能失敗，但你不會就此失敗。」[35]失敗是學習過程中很自然的一部分。如果你沒有不時體驗一下失敗，那麼你冒的風險可能不夠多喔。

QRCode 23

35 關於霍金斯的談話，〈個人相對於公司〉（Individual vs. Company），請參QRCode 23。

07

享受人生的意外旅程

找到自己興趣、能力和市場需求的交集

生涯規畫應該很像到國外去旅遊，
即使事先做了周全的準備，
有詳細的行程表，也安排好晚上的住宿，
但最有趣的經驗往往不是透過事先規畫而來。
你印象最深的部分，
都是旅途中突然迸出的意外、
偶遇的驚喜。

你聽多少人說過，成功的關鍵在於跟隨你的熱情走？我敢說一定很多人說過。對著徬徨於人生十字路口的人，提出這樣的忠告很容易，但這樣的忠告其實太過簡化，而且會造成誤導。不要誤會我的意思，我超級相信熱情的重要，也認為了解自己背後的驅動力非常重要。不過單單這樣還不夠。

熱情只是起步而已，你也需要了解自己的才能，以及這個世界對那些才能的評價有多高。如果你對某件事情滿懷熱情，卻沒有特別擅長，那麼想要在那個領域發展可能會相當挫折。譬如你熱愛籃球，但是身高不足以和別人競爭，或是你迷上了爵士樂，音感卻很差。以這兩種情形來說，你可以成為很厲害的籃球迷和爵士樂迷，經常去看球賽和聽音樂會，而不要以之為職業。

再進一步思考，或許你對某件事滿懷熱情，在那方面也很有天分，但是那些才能找不到市場。比方說，你可能是技巧精湛、熱愛繪畫的藝術家，或是渴望衝浪且不管什麼樣的浪潮都能駕馭，可是我們都知道，這類才能的市場非常小。嘗試為這樣的熱情創造出專業的生涯，通常會帶來挫敗。你有兩種選擇：你可以把它視為很棒的嗜好，當做兼差的副業；或者你全心投入，建立起專業生涯，然後你會需要為自己的工作培養一群觀眾。後者會在第八章詳細描述，舉出的例子是史丹佛設計學院的教授佩里．克勒巴恩（Perry Klebahn），他為自己發明的雪鞋開闢出市場。

找到能夠發揮所長的工作

另一方面，如果你有某個領域的才能，而你的技能有很大的市場，但你找不到滿意的工作，那麼這就是找工作的好領域。比方說，如果你是資深的會計師，那麼永遠都有這樣的職位提供給能夠建立資產負債表的人。對世界上大多數人來說，這就是他們生活的地方。他們有一份工作，能夠發揮所長，但是每天迫不及待回家專心從事自己熱愛的活動，也就是自己的嗜好。他們每天都在數日子，等著週末、等著假期，或者等著退休的那一天來臨。最糟糕的情況則是發現自己身在以下的處境：你對工作沒有熱情，缺乏這個領域應有的技能，你做的事情在就業市場也不吃香。有個老掉牙的笑話是：試著賣雪給愛斯基摩人吧。那麼想像一下，如果你痛恨雪，又是很糟糕的推銷員，無論從哪方面來看都是很慘的處境。

最有效的擊球點，是你的熱情符合自己技能和市場需求的地方。如果能找到這樣的擊球點，你的工作就能豐富你的人生，而不只是提供充分的財力，讓你下班後能夠好好享受生活。你的目標應該是找到一種職業生涯，讓你不敢相信居然有人願意支付薪水給你做這份工作。

曾經有位智者說過這樣的一段話：

深諳生活藝術的大師，讓他的工作與他的嬉戲、他的勞動與他的休閒、他的心靈與他的身體、他的教育與他的娛樂、他的熱愛與他的信仰之間，只有極小的差異。針對他做的每一件事，他只是追求自己對於傑出的憧憬，而讓別人來決定他究竟是工作還是嬉戲。對他而言，他總是兩方面並行。

這段話的智慧反映出以下的觀察：在你成功的道路上，努力工作扮演了非常重要的角色。事實上，如果是我們懷抱熱情的事，通常會比較努力去做。從小孩子身上很容易看出這點，他們花費好幾個小時做自己熱愛的事。喜歡建造的孩子，往往花好幾個小時用積木設計出令人讚嘆的構造；熱愛藝術的孩子，花好幾個小時畫畫都不休息；熱愛運動的孩子，可以整個下午不斷投籃和揮棒，似乎樂在其中而非練習。熱情是一股很大的驅動力，讓我們每個人想要努力工作，精進技能，追求卓越。

不過，很重要的是要了解，我們大多數人並不是天生就有特定熱愛的事物，但熱情從我們的經驗中慢慢滋長。某件事還沒有成為你熱愛的事物之前，你對它一無所知。你完全不知道自己擅長烹飪，直到試過之後才會真正樂在其中。編寫程式、打高爾夫球、撰寫小說也是同樣的道理。從事新的活動真的非常重要，因為那樣打開了一扇門，引領你發展（而非發現）廣泛多樣的熱愛事物。麥可・羅維（Mike Rowe）是知名電視節目《幹盡苦差事》（*Dirty Jobs*）的主持人，他在節目中接受的任務徹底跨出自己的舒適圈，他說這樣真的很棒：「絕對不要跟隨你的熱情，但永遠把熱情帶在身邊。」[36]

要找到你的能力、興趣與市場有所交集的金礦，這個過程需要一段時間。以內森・佛爾（**Nathan Furr**）為例，他最初的學術生涯主修英文，夢想成為教授。就像很多以英文為主修科目的人一樣，佛爾很快就發現，英文教授的市場需求非常小，即使他在這個領域謀得教職，薪水也相當低，這樣很難養活他準備建立的大家庭。佛爾花了一些時間思考，有什麼其他工作可以讓他發揮所長又投入熱情。考慮了各種選項後，顯然他會很適合管理顧問的工作，既可發揮自己的研究和寫作才能，也能享受學習的樂趣。唯一的問題是，佛爾的知識基礎還沒辦法在那一行找到第一份工作，於是他給自己一年時間做準備。他參加大學校園裡的相關組織，學習顧問這一行的更多知識，並練習做小型的個案研究，就像一般的工作面談時所做的口頭報告。

36 關於羅維的談話，〈不要跟隨你的熱情。要追逐機會〉（Don't Pursue Your Passion. Chase Opportunity）由「企業家」網站（Entrepreneur）於二〇一五年四月十日上傳至YouTube，請參QRCode 24。

QRCode 24

等到一年時間過去，佛爾做好準備，在一家頂尖的公司找到管理顧問的好工作。從許多方面來看，這份工作非常適合他，既能發揮所長、投入熱情，又能提供他需要的財務保障。幾年後，他決定以這些興趣為基礎，攻讀管理科學和工程學的博士學位，如今是法國的歐洲工商管理學院（Institut Européen d'Administration des Affaires, INSEAD）的商學教授。因此，剛開始他夢想成為教授，後來找到一些方法，結合他的才能、興趣和市場需求，最終達到自己的目標。

我分享這個故事，是因為這與我們所有人都有關係。如果佛爾知道自己三十五歲時會成為教授，他一定既驚訝又開心。但他完全不知道自己後來會有什麼樣的發展，從剛開始在猶他州主修英文，到最後在法國成為重要的商學院教授。關鍵在於你要把目標設定得又高又遠，然後採取一連串的小步驟，往那個方向前進，最後達到的成果可以遠超過你原本的想像。

你長大以後想做什麼？

佛爾了解各式各樣的選項後，著手挑選了一條生涯發展道路，但我們大多數人是在更早的時候，在半推半就的情況下做出生涯規畫。很多人都喜歡問小孩：「你長大以後想做什麼？」這個問題迫使小孩子還不了解各種可能的機會，就先確立自己的目標，或至少在心裡立定志向。我們想像自己將來會做的事，通常也是參考周遭環境其他人做的事，這和世界上無窮的可能性相較，實在是非常狹隘的觀點。而且，我猜你和我一樣，身邊有很多人喜歡指點你，說他們認為你應該做什麼，而你也深受他們影響。我清楚記得有位老師曾對我說：「你對科學真的很在行，應該考慮當護士。」很不錯的建議，不過對於有科學天分的人而言，這只是可以嘗試的無數可能性之一。

值得注意的是，光是一句話，通常是來自陌生人，竟然可以改變一個人對於自己和未來前途的看法。在我的創造力課堂上，學生組成的每個小組都要挑選一個他們認為很有創新精神的組織。每個小組去拜訪那些公司、訪問那裡的員工、觀察他們的做事方式，然後再做總結報告，分析到底是什麼因素讓組織那麼有創意。然後，他們要以創新的手法向全班報告這項資訊。

有個小組挑選了聖荷西兒童探索博物館（San Jose Children's Discovery Museum），連續多天跟隨工作人員和觀眾，想要了解激發創意的關鍵是什麼。其中有一站，孩子們正在建造迷你版雲霄飛車，過程中改變不同的變數，看看會有什麼結果。有個八歲小女孩用這個設備做實驗，她改變不同部分的長度、高度和角度，進行各種模擬，看看會有什麼效果。有位博物館工作人員對她的實驗觀察了一會兒，只簡單說道：「你現在做的事情就是工程師做的事喔。」後來我的學生問那個小女孩，她在博物館學到什麼，她只想了一秒就自信滿滿地說：「我學到我可以當工程師。」

就像博物館的小女孩一樣，我們所有人都接收到各種明確或暗示的訊息，得知別人期望我們扮演的角色。我有一位同事是機械工程系教授，幾年前她告訴我一個很棒的故事。她與好幾位女性友人在同一所大學任教，都是不同領域的工程師，常常去她家聚會，一起吃晚飯聊天。當時她兒子還小，通常都在場看著，聆聽她們談話。等到他漸漸長大，顯然對數學和科學很拿手，就會有人告訴他：「哇，你應該考慮讀工程學。」他皺著眉頭說：「才不要呢，工程學是女生讀的科目。」我有一些女性醫師朋友也告訴我同樣的事，她們的孩子認為討論醫療問題是「女生的話題」。

拋開別人的期望

我們全都接收過這類各式各樣的先入為主偏見。思考看看以下的謎題：有個男孩和他的父親發生意外，兩人都被送進醫院。外科醫師說：「我不能替這個男孩動手術，他是我的兒子。」這是怎麼回事？我把這個謎題說給我那些觀念進步的女性醫師朋友聽，連她們都沒有想到，謎題中的外科醫師是男孩的「母親」。她們努力想出各種腦筋急轉彎式的答案，而所有的答案都是男醫師。等到知道答案，她們都覺得很難為情，因為連她們也掉入這個傳統的陷阱。

每當回想起過去接收到的訊息，我顯然深受一些特定人士的影響；有些人是鼓勵，其他人則否。大約十四歲的時候，我爸媽有個朋友是神經外科醫師。我對大腦很著迷，終於鼓起勇氣，請他談談自己的工作。他覺得這樣很「可愛」，也開了個玩笑。我很失望，沒有再繼續追問。

直到上大學以後，我碰到這個領域的專家，他們鼓勵我追求自己對於大腦的興趣。大二那年，我第一次修讀神經科學的學分，教授出了一份特別的作業，要我們設計一系列實驗，找出大腦某個部位的功能。他說，沒有人了解大腦這部分的角色，我們的任務是想出一組實驗，找出它的功能。一星期後，我拿回自己的作業，最上面寫了一句評語：「婷娜，你的思考方式很像科學家。」就在那一刻，我「變成」科學家。我一直等待有人看出我的熱誠，而且允許我去追求自己的興趣。我們全都深受周遭各種訊息的影響，有的訊息很直接，例如老師會說「你應該去當護士」或「你的思考方式很像科學家」；其他訊息則隱藏在周遭環境中，例如多年來只見到女性工程師或男性外科醫師。

為了自己，做最想做的事

我二十歲出頭時，覺得要區分自己想做的事和別人希望我做的事是非常困難的。我知道自己的很多學生也是如此。他們告訴我，別人給他們太多「指導」，以至於搞不清楚自己想做什麼。我記得很清楚，我有時候急著想放棄或避免去做別人大力鼓勵我做的事，唯有如此才能拋開別人對我的期望，有充分的空間去思考自己想做什麼。比方說，我從羅徹斯特大學畢業後沒多久，就到維吉尼亞大學讀研究所。我父母非常開心，他們非常以我為榮，很高興我確立了未來幾年的生涯道路。

然而在研究所讀了一學期，我去加州的聖克魯茲拜訪一位朋友之後，決定真的需要暫時休學。這是非常困難的決定，但我打從心底知道，我需要像風中的葉子，自由自在飄蕩一陣子，以便了解哪一條生涯道路真正適合我。整個過程中，最困難的部分是稟報父母，說我打算暫時休學，離開研究所。對於我的決定，他們非常難以接受。我一直很感激他們對我的無盡支持和鼓勵，但正因為如此，我很難搞清楚待在學校是不是正確的決定，或者我這樣做只是要讓他們感到高興。我帶著我的貓，開車橫越美國，前往加州的聖克魯茲，完全不知道接下來該何去何從。

回過頭來看，暫時離開學校是很棒的決定。我待在聖克魯茲的那段日子徹底放鬆，準備迎接任何的可能結果。這樣子令人興奮，也很提心吊膽。那是我第一次沒有特定的作業、專注的目標或清楚的計畫。雖然經常覺得有壓力，但那是很好的方法，可以弄清楚我到底想做什麼。我做各種奇怪的工作維持生活，花很多時間在海邊散步和沉思。一陣子後，我開始去加州大學聖克魯茲分校的生物學圖書館，閱讀神經科學方面的論文，起先每個月去一次，接著每週一次，然後天天都去。

我在聖克魯茲待了大約六個月以後，已經做好回去實驗室的心理準備，可是還沒有準備好回去念研究所。確定目標後，我查詢史丹佛大學神經科學教授的名單，那裡離聖克魯茲不太遠，然後我寫信給名單上的每一位教授，向他們說明我的背景，詢問有沒有研究工作可以給我做。接下來幾個星期，所有教授都回信了，沒有一位要徵人，但其中一位教授把我的信轉寄給朋友，於是我接到麻醉系的一位教授打電話來，問我想不想在手術室工作，在高風險病患身上測試新的醫療設備。我欣然答應。

幾天內，我來到史丹佛大學，每天破曉即起，刷手清潔，監看病人的狀況。這份工作有一百萬種出乎意料的有趣體驗。等到計畫結束後，我設法應徵到神經科學實驗室的研究助理工作，最後申請轉入史丹佛大學的研究所。招生委員會的要求，簡直像是要我跳過好幾個火圈，但我那時候超級積極，他們要求的每一件事都順利完成。最後他們接受我的申請。坦白說，那是我這輩子最得意的一刻。而且我是為了自己開始讀研究所，不是為了別人而讀。

我走了一條迂迴的路，也許在旁人眼中像是浪費時間，但完全不是那樣。我的人生道路轉了好幾個彎，讓我以全新的眼光看待原本的目標，而且有時間實驗一下不同的選擇，幫助我確定自己真正想做的事。

意外的發現，偶遇的驚喜

許多人經常在人生道路的非常早期就做了一些決定，然後困在那裡面長達數十年，感覺壓力很大。他們希望成為「自主導引飛彈」，鎖定某個目標，然後努力不懈追求那個目標。但大多數時候，情況往往並非如此。多數人都會轉換好幾次跑道，然後才找到最符合自己能力和志趣的工作。這和開發產品或設計新軟體的過程非常類似，重要的是繼續做實驗，嘗試很多不同的事，直到你找出行得通的方案為止。太早就確立你的人生道路，可能會引導你走到錯誤的方向。這本書初版的一位讀者寄信給我，寫了一個很棒的比喻，很能捕捉這個概念的精髓。他說：「大家常常執著於『準時』坐上火車，而不是坐上『正確的火車』。」

我遇過許多學生描繪了詳細的藍圖，規畫未來五十年要做的事。這樣做不但不切實際，也太過自我設限。人生道路上有那麼多意想不到的經驗，你最好睜大眼睛，不要對意外出現的機會視而不見。生涯規畫應該要像去國外旅遊，即使做了周全準備，有詳細的行程表，也安排好晚上的住宿，但最有趣的經驗往往不是事先規畫而來。你可能碰到某個很棒的人，帶你去旅遊指南沒提到的地方；或者可能錯過火車，結果花一整天在原本沒有計畫造訪的小鎮尋幽訪勝。這些都是旅途中突然迸出的意外、沿路偶遇的驚喜。

很少人會告訴你這樣的祕訣：沒有所謂正確的決定。如果你畢業後的第一份工作不是很適合，那就試試新的工作吧。而且，如果下一份工作不適合，再試試別的。而且，如果那個工作爛透了，辭職吧！繼續這樣嘗試下去，直到你找到非常適合的工作為止……洗髮再沖水，洗髮再沖水，洗髮再沖水，一再重複這個流程。這與約會很類似。你幾乎不可能與第一次約會的對象墜入情網，然後就結婚了。最有可能的是認識很多很多人之後，終於找到適合的伴侶。約會的過程經常充滿錯誤的開始和各種失望，但除非迎接這樣的探索過程、接受其中的不確定性，否則絕不會成功。

我從學校畢業後，真的每隔兩年就更換行業（不只是換工作），直到最後找到適合的行業。那時候我四十一歲了！最重要的是，我先前的經驗即使不完美，也沒有一種是浪費時間。每種經驗都讓我的工具箱增添工具，提供各式各樣的技能，每天都用得上。其他很多人也有類似的經歷，日後透過後照鏡去看，當時他們的職業生涯都有其道理。

還有另一個祕訣是很少人會分享的。從學校畢業時，我們面對著不確定性，那種不確定的感受永遠不會消失。人生的每一個轉折處都有這樣的不確定性，例如剛展開一份新工作、創辦一家新公司、展開一段新的人際關係、生下一個小孩，或者退休。上述的每一個決定和行動都打開一扇門，通往相當程度的不確定……以及各式各樣的機會！

「不確定」的相反就是「確定」。你真的希望人生有一份詳盡的劇本，確切知道下個月、下一年乃至下一個十年會發生什麼事？對大多數人來說，答案是「不希望」。最關鍵的是，不確定產生了各種選擇。產生了各種機會。也產生了各式各樣的驚喜！

提高好機會降臨的可能性

人生大多數的事件，都要到事後回顧才看得明白。回頭看你的生涯道路，每個情節都合情合理；但往前看的時候，前方的道路總是模糊不清。看不清前方的狀況，很容易讓你感到挫折。然而，你可以設法增加沿途出現好機會的可能性，例如你選擇工作的組織，能夠穩定接觸到許多新鮮又有趣的人物和計畫。

拚命想要嚴密掌控自己的生涯發展，這樣是錯的。就以泰瑞莎．布里格斯（Teresa Briggs）為例，她領導「德勤」（Deloitte）這家顧問公司整個美國西部地區的業務。她剛開始工作是在公司的稽核部門，就這樣過了十八年，以為自己永遠都會待在那個職務。然而，最後她發現自己面臨一個出乎意料的狀況。新的法令規定稽核人員需要輪調服務不同的客戶，於是要有一批新的稽核人員才能確保客戶公司的經營管理合乎法規。布里格斯一直負責同一個非常大的客戶，一旦輪調離開團隊，她找不到其他份量相當的工作機會。但她得知一個新的德勤集團即將誕生，經營重心放在併購業務。雖然併購並非她的專業領域，但公司提供機會，請她擔任重要職位。她發現自己的能力轉換得非常順利。儘管這樣的生涯路線並非布里格斯主動規畫，但她領悟到自己有能力與客戶建立良好的關係，也能領導團隊，因此能在新職位表現出色。

過了不久，布里格斯轉調到紐約的德勤美國總公司，她的領導能力和管理技巧再度令她大放異彩。公司問她是否願意主持矽谷的業務，她到那裡必須學習新策略和全新辭彙，畢竟這是高科技業的時代。布里格斯跨出的每一步都不是原本預料得到的，但由於組織不斷提供新機會，她也能把握機會表現出色，實現許多令人興奮的職位和挑戰。

經常自我評估

經常重新評估你的生活和工作生涯也很重要。這種自我評估的過程，迫使你面對一個事實：有時候該要轉換到新的環境，你才能有優秀的表現。大多數人都不會經常評估自己的職位，往往安於次佳的情況，但其實不該在同樣的職位待那麼久的時間。沒有什麼神奇數字能告訴你，應該在某個職位待多久以後就要開始評估這樣究竟好不好。不過想想看自己多久做一次自我評估，這樣很合理吧。有的人每天或每星期都重新評估調整自己的生活，一直處於最佳狀態；有的人則等了很多年才注意到落後預期目標一大截。你愈常評估自己的情況、尋找解決問題的方法，則愈有可能發現你在自己的職位上工作得很順利。而且，最好在小問題剛冒出來時就及早面對，不要等到問題變大才設法解決棘手的問題。這樣的狀況，唯有你隨時注意、弄清楚哪些方面需要改變才辦得到。

有些情況直接迫使你重新評估自己的生活。比方說，一旦決定結婚成家，整個局面就改變了，你突然需要在照顧子女和專業工作兩方面取得平衡。大家都曉得，照顧年幼子女要耗費大量的時間和心力，這對體力或情緒都是嚴苛的考驗，而且消耗的時間多得驚人。孩子讓你提心吊膽，而隨著孩子長大，他們的需求又會出現劇烈的變化。每一年都出現全新的責任和新鮮的挑戰。結果，「為人父母」提供了千變萬化的機會讓你發揮創意，而且培養出來的能力在任何情況下都很有價值。這訓練你一心多用的能力、能夠在壓力下做決定，也絕對能協助你精通談判的技巧。

女性面臨的難題尤其令人卻步，不知道該如何兼顧事業和家庭責任。就我的經驗，這種挑戰的背後其實是大好機會。為人父母迫使你要很有創意，不能再考慮沒有彈性的傳統做法。除此之外，當孩子的需求改變時，你可以嘗試不同的工作，承擔不同的責任。雖然這很難看得清楚明白，不過你的職業生涯很長，而孩子的童年只有幾年的時間，你可以等孩子長大再回到職場上加速衝刺。以下幾段話摘錄自一九九七年《史丹佛雜誌》（*Stanford Magazine*）的文章，把這個觀點說得很清楚：

有位一九五〇年的史丹佛大學畢業生，一九五二年在這裡拿到法律學位，次子出生後，她有五年時間離開受薪的職場，忙著在「鳳凰城少棒聯盟」和慈善機構「救世軍」當義工。後來等到最小的孩子去上學，她回到職場，成為州檢察長辦公室的兼職員工。

那幾年待在家裡陪伴小孩，最終並沒有阻礙她的事業……她表示，如今年輕畢業生的處境比她當年好很多。「其中一大助力是，現代女性的壽命比較長，」她說：「我們花更多時間在職場上，而且確實有時間進行幾次生涯轉換。所以，即使減少幾年的時間，也沒有太大的損失。」附帶一提，這位女性是美國最高法院大法官珊卓拉．歐康諾（Sandra Day O'Connor）。

根據我的經驗，這段話完全正確。我唯一的建議是，如果你打算在孩子小時候停止工作，不妨找個方法與你的職業維持很低程度的聯繫，這樣就可以保持最新的技能，並讓你的履歷持續更新。如果你沒有完全脫離職場太久，想回去工作會比較容易。要這樣做，可以採取很多不同的方法，包括從事傳統工作的兼職形式，或者擔任志工。這樣不但能持續磨練工作技能，也能讓你保持自信，等你準備好就可以再次開始工作。

回顧以往，我明白了很多事，真希望當年安排的工作生涯能夠完全不理會別人給我的傳統忠告。最重要的是什麼呢？目標是要找到這個世界上最適合你的職位，而且不覺得像工作。要找到這樣的職位，唯有找出你的才能、熱情和市場需求的交集之處。這不但是最能實現個人抱負的職位，更因為能以積極的方式投入你的熱情，這樣的工作會豐富你的人生。要找到適合的機會，需要一路嘗試許多不同的可能性，測試你從外界獲得的明示和暗示的訊息，而且拒絕接受你認為不恰當的建議。

隨著工作生涯逐漸開展，你要經常重新評估自己的進展，以及長期來說想要發展到什麼地步。這樣能讓你快速修正方向，特別是事情的發展不如預期，或者出現特殊的新機會的時候。別擔心似乎看不清眼前的道路，即使瞇起眼睛也不會看得更清楚。其實每個人都是如此。不要太急著抵達最後的目的地；意想不到的繞道而行，經常會帶你遇見最有趣的人物、地方和機會。而最後，你打算弄清楚自己適合做什麼職業時，要小心別人給你的各種忠告，包括我的忠告！

08

檸檬汁變直升機

幸運的人有哪些特質？

這個世界充滿各式各樣的門，
通過這些門，可以找到許多的機會。
盡可能探索各種種不同的環境，
把這些經驗好好重組一番，
而且勇敢踏上嚮往的人生舞台，
就能大幅增加幸運之神眷顧的機會。

我兒子喬許上大學的第一個學期，我在期末考前夕打電話給他，祝他好運。他的反應卻是：「根本沒有好運這回事，全要靠努力打拚。」他是個發奮圖強的孩子，對自己熱中的事情全力以赴，尤其是需要大量訓練和準備的運動競賽。起初我覺得他的反應很極端，但是多想一下，我覺得他說得很對。即使有時候認為自己運氣很好，其實通常都經過一番辛苦耕耘，好運才會落到我們頭上。

我曾經以欽佩的目光，看著喬許辛苦達成別人眼中不可能達到的目標。他在十九歲的時候決定參加健力比賽。對於像他這樣的自行車選手和短跑選手，健力運動並不是理所當然的選擇，但他心意已決，打算挑戰硬舉項目的全國紀錄。喬許找到北加州最好的一些訓練員，每星期都去向他們學習硬舉好幾次，每次開車單趟就要兩小時。他盡力蒐集這項運動的所有資料，小心規畫飲食內容，增加更多肌肉，而且花許多時間在體育館訓練。

經過好幾年的重量訓練，又花了幾個月專注練習後，他參加一場比賽，測試自己的實力與別人相差多少。我們清晨五點就起床，開車三小時到佛瑞斯諾市（Fresno）參加正式比賽。體育館裡擠滿了參賽多年的舉重選手。我很擔心喬許會不滿意自己的表現。但體重八十六公斤的喬許舉起兩百六十七點五公斤，雙雙打破加州紀錄和全國紀錄，比原先的紀錄保持者多了百分之八的重量。他運氣好嗎？他當然很幸運，那天每件事都很順利。但若不是為了達成目標而付出大量努力，他永遠不會成功。

愈努力，就愈幸運

喬許對於運氣的說法，正呼應了我小時候父親經常對我說的話：你愈努力，就會愈好運。他的箴言是很好的提醒，你必須把自己放到對的位置上，才會有好運。即使成功的機率很低、競爭非常激烈，只要你在生理、心智和情緒方面做好充分準備，就可以把成功的機率提升到最大。

我們經常聽到很多勵志故事，談到原本一無所有的人，憑著超乎常人的努力而博得幸運之神眷顧。以下的故事是我聽昆西瓊斯三世（Quincy Delight Jones III, QD3）說的，同樣是描述努力的經過。

身為音樂界傳奇人物昆西瓊斯（Quincy Jones）的兒子，你或許以為他過著安逸的日子，其實不然。他小時候雙親離異，母親帶著他回到她的家鄉瑞典，過著幾近貧窮的生活。母親的生活方式非常另類，染上毒癮苦苦掙扎。她根本不在乎兒子有沒有上學，經常在外狂歡作樂，直到凌晨四點才回家。基本上他把自己養大。

QD3花了很多時間在街上混，於是接觸到霹靂舞，這種舞蹈經常在街頭表演。從接觸到的那一刻起，QD3就深深入迷。他每天練習好幾個小時精進舞步，很快就開始在斯德哥爾摩的街頭表演，放著一頂帽子向經過的路人討賞。有一天，Levi's牛仔褲的星探看到他在街頭跳舞，詢問他是否有興趣參加巡迴演出。QD3欣然接受！

一旦跨出第一步，QD3繼續努力不懈。除了跳舞之外，他開始為饒舌歌手發展音樂節奏。這時有個大好機會降臨了，有部電影在斯德哥爾摩拍攝饒舌表演，有人邀請他寫電影插曲。於是他十六歲創作的歌曲〈下一次〉（Next Time），成為他的第一張金唱片，銷售量超過五萬張。QD3繼續製作一部關於饒舌歌手吐派克（Tupac Shakur）的三白金紀錄片，銷售量超過三十萬片。

QD3決心讓自己脫離貧窮，自食其力，最終成為頂尖人物。他說，他「在內心點燃火花」來激勵自己，而一旦烈火燎原，他就一心一意努力向前衝。他投入自己所有的一切，包括體力、智識和情感，解決他所面對的問題，證明努力不懈和全力以赴是吸引幸運之神眷顧的關鍵。

我以前就體會到，要創造自己的好運道時，努力只是你可以運用的一種手段。要吸引幸運之神來敲門，你的工具箱裡還有其他很多工具可用。而我相信，QD3同樣運用了那些工具。

好好把握意外的機會

幸運的定義是「成功或失敗看似取決於機會，而不是透過個人的行動力」。「看似」是其中的關鍵詞。事實上，要讓幸運之神眷顧，每個人都有一長串的手段供我們運用。然而，幸運「看似」取決於機會，因為其他人看不出我們執行了那麼多的手段。

多年來觀察人們成功的因素後，我心裡很清楚，幸運其實起因於一長串的微小選擇和微觀行為，讓人們每天都擠出多一點點的動力，最終提升長期的成功機會。可惜的是，我們看著其他人達成非常了不起的目標，通常只把目光放在少數令人矚目的時刻，以為是幸運之神眷顧他們。

來看看麥可・路易士（Michael Lewis）這個例子，他是很多暢銷書籍的作者，包括《老千騙局》（*Liar's Poker*）和《魔球》（*Moneyball*）。他在普林斯頓大學發表畢業典禮演講時，把自己的很多成功經歷歸功於幸運：

> 有天晚上，我受邀參加一場晚宴，坐在我旁邊的是華爾街大型投資銀行「所羅門兄弟」（Salomon Brothers）一位大人物的妻子。她有點強迫丈夫給我一份工作。我對所羅門兄弟所知不多，但所羅門兄弟剛好位於華爾街重建的地方，就是我們今天熟悉且喜

愛的華爾街。我到達那裡後，幾乎是被強制分配到一份非常棒的工作，占據的位置能夠觀察周遭逐漸增長的狂熱氣氛：他們讓我進入的部門是衍生性金融商品專家的大本營。

他用這番經驗作為靈感和架構，寫出一九八九年出版的暢銷書《老千騙局》。他繼續演講，把那樣的成功經歷歸功於幸運：

> 突然間，大家都說我是天生的作家。這實在很可笑。就連我也看得出來；有另一種比較真實的敘述，主題是幸運。參加晚宴坐在那位「所羅門兄弟」女士旁邊的機率有多少？或者落腳在那間華爾街最好的公司裡，能夠撰寫那個時代的故事？或者落腳在那樣的位置，對於商業活動有最棒的視角呢？[37]

結論別下得這麼快。別讓故事的這種簡單版本給騙了。路易士在晚宴上與女士對話之前、過程和之後，其實有無數的事情讓他有成功的條件。只著眼於那次偶然的碰面，會讓我們沒有注意到背後真正的事實。是沒錯，他運氣好，能坐在某人旁邊，而那個人很有影響力，能幫助他得到所羅門兄弟的一份工作。但是多年來，曾經有好幾百個人坐在那名女士的旁邊，但她可沒有說服自己的丈夫雇用那些人。而且有數千個人在所羅門兄弟工作，沒有一個人把他們的經驗寫成暢銷書。

什麼因素讓路易士看出這樣的機會並牢牢抓住？法國科學家路易・巴斯德（Louis Pasteur）說過一句名言：「機會是給準備好的人。」這句話完全正確。不過到底什麼叫做「準備好」？什麼樣的狀況讓我們能接受偶發的事件，也能好好利用？

幸運有所謂的「物理學」，畢竟生活的一切都與原因和結果有關。這可以比擬成我們的遺傳基因和身處環境之間的關係，這兩種因素決定我們變成什麼樣的人。大家都知道，「基因」和「環境」都能夠塑造我們，而且彼此深刻糾纏；遺傳基因影響了我們與周圍環境的互動方式，而周圍環境也影響了各種遺傳特質的表現。幸運和我們的行為也有這樣的關係。幸運囊括了發生在我們身上的事，而我們的行為涵蓋了自己控制的事。我們可以辯論究竟哪件事先發生，但到最後，那些事情彼此相關，這是不可避免的。

我們困在一場連續不斷的舞蹈裡，與這個世界共舞，而且交換著「帶舞的人」和「跟舞的人」這兩種角色。一旦開始跳舞，我們巧妙控制自己的幸運，因為那是我們行為的直接結果。我們確實無法掌控發生在身上的每一件事，但可以控制自己面對事情的

37 影片〈二〇一二年學士畢業班致詞：路易士〉（Princeton Baccalaureate 2012: Michael Lewis）由普林斯頓大學於二〇一二年六月五日上傳，請參 QRCode 25。

QRCode 25

反應。我們與生活共舞時，一旦知道該怎麼帶舞、何時帶舞，幸運就發生了。例如在路易士的故事裡，他去參加晚宴，偶然坐在那位女士旁邊，也善用那個機會，讓她留下深刻印象，便把路易士介紹給丈夫。路易士坐下的時候是「跟舞的人」，等到與女士談話時，變成了「帶舞的人」，於是產生了未來帶舞和跟舞的機會。而我們也很確定，他在寫書過程中，以及參與自己著作改編成電影的過程中，隨著一路上發生各種令人驚喜的事件，他有好幾百次的機會從跟舞的人轉換成帶舞的人。

究竟是運氣、機會還是幸運？

我們的生活之舞有好幾名舞伴，包括這個世界、其他人，還有我們自己。因此，我們同時跳著好幾支舞。這很複雜，因為這幾支舞也彼此影響。若想了解這些關係背後的前因後果，我們絕對要「做好準備」，迎接幸運之神降臨。

不要受到日常隨口亂說的「幸運」分散你的注意力，通常那樣說只是一種藉口。比方說，大家常常把自己的成功歸因於幸運，說他們「很幸運」，剛好可以用上自己擅長的技能。或者，我們會把表現不好怪罪為「不幸」，放別人一馬也放自己一馬。然而，心思細密的觀察者會躲在簾幕後，把真實狀況都看在眼裡，很清楚實情究竟是運氣、機會還是幸運。

這三個名詞經常交替使用，對這些名詞做明確的定義是很重要的。它們的意思其實很不一樣，特別是與「媒介」有關的時候，或者說，我們對彼此的個人控制有多大。

運氣（Fortune）是發生在你身上的事。出生在和氣的家庭是運氣好，遭到閃電擊中是運氣不好。

機會（Chance）需要你展開行動。你需要「掌握機會」，像是擲骰子、買彩券，或者邀請某人去約會，以便從隨機事件得到益處。

幸運（Luck）是透過尋找機會和創造機會而得到。這是你的行為的直接結果。比方說，有人給你一份好工作，你很「幸運」。有很多媒介，雖然有不確定性。你必須努力培養技能、做好準備，才能積極爭取那樣的角色。

我們經常把「運氣」、「機會」和「幸運」這三個詞搞混了；這件事能夠說明，多數人完全沒有意識到他們對自己的命運掌控到什麼程度。他們認為很多事件都是隨機發生（不幸或幸運），沒想到自己其實發揮了一定程度的影響力。如果你仔細觀察一段時間，會發現累積了很多細微的選擇。每一個選擇都替未來發生的一些事情做好準備。不妨看看以下同事之間的對話，有四種不同的發展軌跡：

對話一

莎拉：哈囉，你好嗎？

喬伊：很好，你好嗎？

莎拉：我有點太忙，而且壓力山大。

喬伊：你工作太辛苦了。

對話二

莎拉：哈囉，你好嗎？

喬伊：很好，你好嗎？

莎拉：我有點太忙，而且壓力山大。

喬伊：很遺憾聽到你這樣說。

對話三

莎拉：哈囉，你好嗎？

喬伊：很好，你好嗎？

莎拉：我有點太忙，而且壓力山大。

喬伊：我可以幫什麼忙嗎？

對話四

莎拉：哈囉，你好嗎？

喬伊：很好，你好嗎？

莎拉：我有點太忙，而且壓力山大。

喬伊：如果我替你照顧〇〇會不會有點幫助？

這些對話似乎很相似，但並非如此。經過每一段對話後，莎拉與喬伊之間的態度和關係會完全不一樣。從第一種互動到最後一種，喬伊愈來愈有同理心，到最後幫莎拉的問題提供特定的解決方案。如果莎拉的壓力真的很大，則喬伊提供協助會大幅改變他們的關係；喬伊在這個時候幫她的忙，未來她比較有可能幫喬伊的忙。

如果喬伊的回應如同情境一或情境二的描繪，他當然不會被炒魷魚，不過他錯失了與莎拉建立信任感的機會；經過數個月和數年後，他可能根本看不出自己錯失的所有機會。至於情境三和四，喬伊與莎拉建立了有意義的關係。而且一旦出現某些機會，莎拉很有可能提供這些機會給喬伊，這點就不意外了。其他人可能沒看到喬伊做過之前那些小事，而是把他的發展看成只是運氣好。事實上，如果幫助過其他人，其他人也很有可能幫助我們。

與其他人建立彼此信任的關係，這樣的機會每一天都發生好幾百次。海蒂・羅伊森（Heidi Roizen）是成功的創業家和創投家，她在我們班上分享一個特別難忘的例子。她剛把孩子送去讀大學，沒想到那個經驗會讓她的情緒波動得很厲害。她眼眶含淚，抵達一場原本安排好緊接著召開的會議，開會的對象想要向羅伊森推銷他的公司。羅伊森提起，她剛把孩子送去大學，現在情緒很激動。那個人沒有用關心或同理的方式回應她，而是打開自己的筆電，開始用力推銷。她很吃驚；那個人錯失了表達同情心的機會。離開會議後，她知道自己絕對不會與這個人合作事業。如果他花幾分鐘詢問她的感受、提供一些意見，就會徹底改變羅伊森看待他和他的投資事業的角度。

隨時發現機會並掌握機會

基本上，能夠了解幸運的前因後果，我們比較有所準備，能夠發現和掌握相關的機

圖3

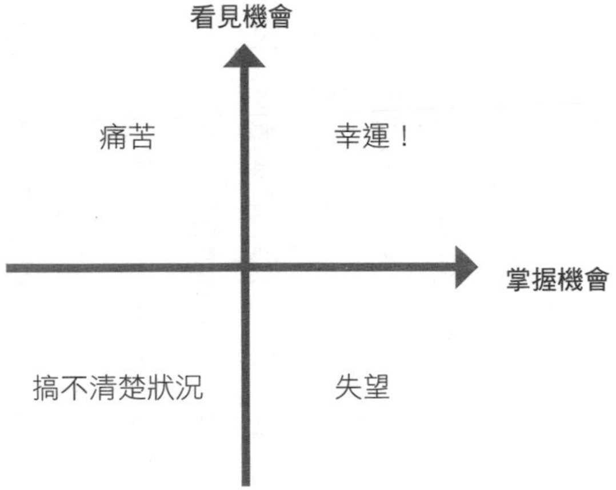

會，讓這些機會帶領我們迎向內心渴望的目標，讓我們成功，而不只是存活下來。圖3的二乘二矩陣，能夠說明人們與世界互動的不同方式，有些方法讓他們看見機會、掌握機會，有些則不。

位於左上象限的人能夠看出可能性，但是沒有採取行動，把機會讓給別人。他們的觀察力夠敏銳，看出一些機會，但是沒有實行那些點子。他們看著別人成功，可能會說「我也辦得到」或「我也想過那個點子」。他們最後覺得很痛苦，因為他們看出機會，卻沒有採取行動。

位於右下象限的人掌握了機會，但是沒有仔細觀察周遭環境，沒有完全了解情況就盲目行動。比方說，他們展開一項事業，但沒有了解自己顧客真正的需求。結果，他們既驚訝又失望，發現自己的點子沒能成功，或者沒有達到最理想的結果。

而位於左下象限的人，他們沒看到機會也沒掌握，沒有仔細觀察，也沒有對機會採取行動，只是坐著當人生的旁觀者。他們眼睜睜看著其他人進步成功，對於機會似乎從身邊溜走而感到挫折又困惑。他們搞不清楚狀況。

位於右上象限的人，他們非常認真發現機會，也找到一些方法認真實現，於是「很幸運」。他們在江湖上走跳，隨時看出機會、掌握機會。

有一些方法可以移動到右上象限。英國赫特福德大學（University of Hertfordshire）的李察・韋斯曼教授（Richard Wiseman）曾經研究「幸運」這件事，發現「幸運的人」有一些共同的特質，讓他們比別人更幸運。首先，他發現幸運的人會把握剛好碰到的機會。他們的人生不是以巡航定速的方式穩穩前進，而是隨時注意周遭發生的事，因此能夠發掘出每一種情況的更大價值。他們比較會注意居住的社區宣布了什麼特殊活動、有什麼新鄰居在附近走動，甚至看出朋友需要額外的幫忙。幸運的人張開雙臂擁抱新機會，願意嘗試一些超出過往經驗的事。他們比較會刻意挑選不熟悉的書來看，到比較不熟悉的地方去旅行，結交與自己不一樣的人。

幸運的人往往很樂觀，期待好事降臨在他們身上。他們經常與別人有眼神的接觸，也比較常微笑，因此帶來比較正面和後續的交往機會。結果，這些舉動打開一扇門，迎來更多機會。這一切變成自我實現的寓言，因為即使事情的發展不如預期，幸運的人也會設法從最壞的情況得到正面的結果。他們的態度會影響周遭的人，幫助其他人把負面的情況扭轉成正面的經驗。簡而言之，觀察力敏銳、心胸開放、個性友善、態度樂觀的人會吸引幸運之神的眷顧。

以下的簡單故事，正能說明這一切是怎麼運作的。幾年前，我在一家小雜貨店買東西，那裡多半只有附近居民會來光顧。有位男士和他的小女兒在冷凍食品櫃前朝我走來，很有禮貌地問我，如何用冷凍的檸檬汁罐頭調製檸檬汁。那位男士的口音很重，我聽不出他是哪裡人，不過很確定他一定是剛來到這個地區。我教他如何調製檸檬汁，並問他從哪裡來。他說是智利的聖地牙哥。我問他叫什麼名字，為什麼會來我們鎮上。我這樣問沒有別的意思，純粹出於好奇。他說他叫厄杜瓦多，他和家人住在這個地區有一年了，想在矽谷學習如何創業。他即將接手經營家族事業，希望找到創新的經營方式。我向他說明我們在史丹佛大學工學院的創業課程，很樂意在這方面幫上忙。接下來幾個月，我介紹厄杜瓦多認識創業界許多不同的人，他也對我的協助深表感謝。

兩年時間匆匆流逝。我即將前往智利的聖地牙哥參加研討會，於是寄了訊息給厄杜瓦多，問他想不想聚一聚喝杯咖啡。最後他沒辦法趕來聚會，但邀請我和幾名同事到聖地牙哥市區的某個地點。我們抵達辦公大樓，有人帶我們登上大樓屋頂，厄杜瓦多家族的私人直升機在那兒等著，載著我們從城市上空覽觀壯麗景色，並上升到附近山區，還飛越他們家族的滑雪度假村。真是不可思議！想想看，這一切來自於幫忙他了解怎麼調製檸檬汁。我當然不是因為想搭直升機才幫厄杜瓦多的忙，但由於我敞開心胸，願意對別人伸出援手，而且幾年後還保持聯繫，我才會變得這麼「幸運」。我在前面討論了把檸檬（問題）變成檸檬汁（機會）的藝術。可是幸運就要更進一步；幸運談的是把檸檬汁（好事）變成直升機（令人驚嘆的經驗）。

另一方面，有些人真的很不幸。他們觀察力不敏銳、思想保守、帶著敵意，而且很悲觀。有支影片正能說明這種情況，影片叫〈幸運的祕密〉（The Secret of Luck），背景是英國西約克郡的托德摩登鎮（Todmorden）。影片有一部分是製作人跟拍一名男子，他名叫韋恩，說自己真的很不幸。接著他們觀察韋恩與周遭世界的互動。

結果很清楚，韋恩真的很不幸。就算製作人把各式各樣的幸運機會放到他眼前，他也全部錯過。比方說，韋恩是一名肉販，他們在街上向他走去，假裝要做市場調查。市調是關於切肉，而且有現金獎品。他沒有接受市調，錯過這個機會。他們在他家信箱裡放了一張得獎的刮刮樂彩券，如果他刮了，就會贏得一台電視機。結果他沒刮，而是看了彩券一眼，把它丟掉。他再度錯過機會。而且他們乾脆在路邊放了一張五十英鎊的鈔票，只見他就這樣走過去。最後，製作單位不顧一切要吸引他的注意，在一輛貨車側邊放了一塊大型招牌，寫著「韋恩，撥打這個電話號碼……」。他們花了一整天，跟著他在鎮上到處繞，最後他終於看到那塊招牌，也打了電話。他依照指示留下語音訊息。接著，製作單位現身，把他們要讓幸運之神眷顧而做的所有事情告訴他。他立刻明白，他之所以欠缺好運，完全是自己造成的。

每輛巴士都有一百萬元財富

基本上，這個世界充滿各式各樣的門，通過這些門，我們可以找到許多的機會，只是得要願意打開那些門。智利大學教授維格諾羅很喜歡這樣說：如果你到某個地方沒有認識新朋友，那麼不但錯過交朋友的機會，也錯過了賺進一百萬元的機會。他告訴學生，每次搭上一輛公車，都有一百萬元在那兒等著，他們只需要把這筆財富找出來。他所謂的「一百萬元」是個比喻，指的是學到新東西、交到朋友，或者，真的賺到錢。事實上，這本書的誕生，正是我搭飛機與鄰座聊天而直接產生的結果，如同我在本書〈寫給讀者的信〉所描述的經過。如果我沒有開啟那段對話，這本書幾乎不可能存在。

每一天的每一刻，我們都面對各種大大小小的機會，讓我們顯得很幸運。事實上，幸運並不像天打雷劈，而比較像是風勢。透過正確的態度和工具，你撐起一面船帆，趁幸運吹過的時候把它攔住。那樣的風勢持續吹著，有時候輕柔，有時候強勁，有些時候吹過的風向是你沒料到的。你把船帆撐起來時，永遠都處於準備好的狀態。就算風勢很微弱，船帆也可以引導你慢慢朝向目標前進。而等到風勢變大，你就準備好了！

每一種情況都有數十種可能的發展，而能不能看出這些可能性並抓緊機會，就看你怎麼做了。重點是：機會並不像霓虹燈一樣閃閃發亮。《創新的藝術》作者凱利也呼應這個觀點。他指出，你每一天都應該像外國觀光客一樣，敏銳地觀察周遭環境。在日常生活中，我們很容易就像是戴上眼罩，走在早已踏過無數次的道路上，很少停下腳步看看四周。但去國外旅行時，你用全新的眼光觀看世界，體驗也特別深濃。那就像是豎起天線，你在每一個轉彎處都發現奇妙的事物。

蘇格蘭企業研究院的前任院長巴羅為了說明這個觀點，與學生一起做個有趣的練習。他發給每一組學生一份拼圖，然後設定計時器，看看哪一組先完成拼圖。每一片拼圖的背後都暗中寫上編號，從一到五百，所以如果有人注意到這些編號，很容易就能完成拼圖。但即使號碼就在眼前，大多數小組過了很久以後才看到，有的小組根本從頭到尾都沒看到。只要細心注意觀察，他們很容易就能招來幸運。

在我的班上，我也用一個簡單的練習來清楚說明這個觀點。我請學生去他們很熟悉的一個地點，例如本地的購物中心，請他們建立一個「實驗室」：逛幾家商店，注意平常「視而不見」的所有事情。於是，他們花時間注意各種聲音、氣味、質地、顏色，以及商品的陳列條理，還有店員和顧客的互動方式。他們觀察到的事情，都是過去在同樣的環境進進出出從來不曾看到的。他們回到教室，眼界大開，終於明白我們所有人都像蒙著眼睛走在人生道路上。

挖掘知識和人脈的金礦

幸運的人不只會注意周遭世界、認識有趣的人，也會用一些不尋常的方式來重組自己的知識和經驗。大多數人的手上都掌握了很棒的資源，卻從來沒弄懂該怎麼運用。不過，幸運的人了解自己知識和人脈的價值，需要的時候會利用這座金礦。以下是賈伯斯二〇〇五年在史丹佛大學畢業典禮上的演講，提供了強而有力的範例。簡單來說，他上大學才六個月就休學了，因為不確定自己為何待在那裡，而且他的父母也負擔不起昂貴的學費。以下是賈伯斯的敘述：

當時雷德學院提供的書法教學可能是全美國最好的。整個校園裡每一張海報、每個抽屜上的標籤，都是漂亮的手寫字體。由於我已經休學，不必去上一般課程，於是決定去修這門書法課，學習怎樣把字寫漂亮。我學到襯線體（serif）和無襯線體（san serif），學到不同的字母組合之間要留下不同的字距，學到什麼因素讓很棒的字體顯得這麼棒。字體的美感、歷史和細膩的藝術性是科學無法捕捉的，我覺得好迷人。

在我當時的人生中，這件事連一點實際應用的希望都沒有。但是十年後，我們設計第一部麥金塔電腦時，我重新回想起那一切。於是，我們把那全部設計到麥金塔裡面。那是第一部有漂亮字體的電腦……當然啦，我念大學的時候，不可能把這些點滴往前方串聯而去，但十年後回頭一望，一切就顯得很清楚。[38]

這個故事強調的是，你永遠不知道什麼時候才會證明你的經驗很寶貴。賈伯斯是心胸開放的人，對世界充滿好奇心，蒐集各式各樣的經驗，不管它們在短時間內有沒有用處，而且能夠以意想不到的方式運用他的知識。這件事強烈提醒我們，你擁有的經驗愈多、基本知識愈廣博，你就能獲得更多資源。

尋找有趣的方式重組一些構想

在我的創造力課堂上，我很強調用與眾不同的方式去重新組合一些構想，那樣會產生很大的價值。你愈常練習這個技巧，就會更加得心應手。比方說，運用明喻或暗喻的方法來描述一些乍看毫不相干的概念，這樣能提供一些工具，讓你得到嶄新的解決方案，用來解決熟悉的問題。我們做個簡單的練習來說明這個觀點。針對以下的敘述，我要班上每個小組盡可能提出愈多答案愈好：

構想就好比＿＿＿＿＿＿

因為＿＿＿＿＿＿

所以＿＿＿＿＿＿

我看過幾百個很有創意的答案，以下是其中一些。在每個答案中，學生採用的比喻都開啟一種新方法來看待「構想」：

- 構想就好比小寶寶，因為每個人都覺得自己的小寶寶最可愛，所以評斷自己的構想必須客觀一點。

38 引自賈伯斯的二〇〇五年畢業典禮演說，QRCode請參第一一一頁註32。

● 構想就好比鞋子，因為需要常常穿才會合腳，所以要經過一段時間後再來評估新構想。
● 構想就好比鏡子，因為反映了周遭環境，所以不妨改變背景環境，以獲得更多樣化的構想。
● 構想就好比打嗝，因為一旦湧出就停不下來，所以要好好利用泉湧而出的構想。
● 構想就好比泡泡，因為很容易爆掉，所以要溫柔對待構想。
● 構想就好比汽車，因為載著你去很多地方，所以要湊熱鬧跟著走。
● 構想就好比巧克力，因為每個人都愛，所以要確定能夠經常供應。
● 構想就好比痲疹，因為會傳染，所以如果要自己想出構想，就要常常和點子王在一起。
● 構想就好比鬆餅，因為剛出爐時最棒，所以要隨時想出新的構想。
● 構想就好比蜘蛛網，因為比外表看起來強韌許多，所以最好不要低估。

這個練習鼓勵你從周遭環境尋找靈感，盡情發揮想像力。有些人自然而然就會做這些聯想，並找到獨特的方式發揮聯想的價值。這些人就像賈伯斯一樣，隨時尋找有趣的方式，把一些構想結合起來，然後努力實現這些構想。

把厄運變成幸運

有幾個故事很能說明如何在現實生活運用這種方法。派瑞．克勒巴恩（Perry Klebahn）在一九九一年跌斷腳踝。他熱愛滑雪，因此腳踝受傷令他特別沮喪，因為不想錯過滑雪季。不過他設法把自己的厄運轉變成幸運。等待傷勢復元期間，他找到一雙木製的舊雪鞋，於是帶著雪鞋出門，希望能成為滑雪的替代方案。結果效果不佳，令他更加失望。但他沒有把雪鞋丟回櫃子裡，坐等腳踝恢復，而是決定設計一雙新雪鞋。當時他是學習產品設計的學生，認為可以運用這些新技術來解決自己的問題。他花了十個星期做設計，打造出八雙不同的雪鞋。平日他在學校的機械工廠打造雪鞋的原型，週末則到山區試驗新鞋。到了第十個星期，他準備替他的創新產品申請專利。

等到他的設計臻於完美後，克勒巴恩以手工打造了幾雙雪鞋，準備推銷給運動用品店。採購人員看了雪鞋一眼，問他：「這是什麼？」他們以前沒看過這種雪鞋，而且雪鞋也沒有市場。但克勒巴恩沒有放棄，他知道一定有很多人因為某種原因沒辦法滑雪，但仍然希望冬天有辦法到山區消磨時間。最後，他決定自己創造市場。

每個週末，克勒巴恩親自帶著運動用品的業務人員到白雪皚皚的山區，讓他們試用他的新發明。他對業務人員說，他們沒有義務要向顧客推銷雪鞋；他只是想讓他們嘗試這個新運動。業務人員很喜歡這樣的體驗，便把消息傳給他們店裡的採購人員。結果，運動用品店開始引進克勒巴恩的新產品。然而挑戰並沒有結束。

顧客購買克勒巴恩的新雪鞋後，不曉得要去哪裡使用，所以克勒巴恩必須說服美國各地的滑雪度假村提倡雪鞋健行活動。他鼓勵大家規畫特別的雪鞋健行步道，為顧客繪製路線圖，提供步道通行證，並監控步道狀況以確保遊客安全。等到做好這些規畫，於是一切就緒，雪鞋的市場開始激增，從零美元成長到五千萬美元。克勒巴恩創辦的「阿特拉斯雪鞋」（Atlas Snowshoe）公司後來賣給K2運動用品公司，現在雪鞋和標示明確的雪鞋健行步道已經變得非常普遍。

克勒巴恩現在任教於史丹佛設計學院。當時他看到機會，把幾種個別的事物串連起來，包括跌斷的腳踝、想在雪地活動的渴望、剛學會的產品設計技能，以及認為別人也想要有好穿雪鞋的敏銳觀察，於是把一連串的厄運（實際的和比喻的都有）轉變為連續的勝利。唯有投入大量的時間、精力及堅持不懈，他最終才能得到甜美的成果。許多人會在過程中放棄，遇到每一個新的障礙就裹足不前，或甚至停下腳步。但是克勒巴恩遇到每一次挑戰都看到機會，等到克服了每一個困難、把所有拼圖放到定位後，看到正面結果的機會就增加了。這一切之所以發生，都是因為克勒巴恩運用了韋斯曼描繪的每一種能力：他的觀察力很敏銳、個性外向、喜歡冒險、態度樂觀，而且努力不懈。要達成最終的目標，上述每一種特質都很重要。

勇敢積極創造幸運

克勒巴恩非常努力克服重重阻礙，為自己創造幸運；還有許多人的例子是大膽要求自己想要的事物，以這種方法製造幸運。有個令人讚嘆的例子可在達納·考德伍得（Dana Calderwood）的故事裡找到。考德伍得熱愛戲劇，他在高中時代花了無數時間參加學校的戲劇演出。我們是紐澤西州頂峰高中（Summit High School）的同班同學，當時我們兩人都是很認真的「戲劇迷」。表演是我的嗜好，但考德伍得懷抱的是導演夢，為了有朝一日有機會實現夢想，高中都還沒畢業就開始醞釀自己的幸運。

考德伍得什麼都不怕。他積極跑去問戲劇課主任，能不能讓他執導學校的下一齣大戲。過去從來沒有學生提出這個要求，但老師同意了。考德伍得沒有坐等權威人士指派任務給他；他逕自提出要求，爭取自己想做的事。那一刻開啟了考德伍得的導演生涯。他繼續在當地的大都會音樂劇院執導戲劇，那裡有一位客座導演是我們的校友，後來在好萊塢發展得很成功，他給考德伍得很多睿智的忠告。他告訴考德伍得，他在劇場採用的執導技巧，與在頂尖圈子裡需要的技巧是一樣的。他的忠告讓考德伍得有了自信，將自己的眼界設定得更高。

考德伍得後來就讀紐約大學的電影學院，在那裡善用每一次機會。他下課後總是留下來，認識教授邀請的演講來賓，請求以後有機會的話可以當面請益，並請他們推薦其他可以聯絡請益的對象。他也盡量把握每一次拍片作業的學習機會。起初，他像其他同學一樣，請朋友在他的影片裡充當演員（正因如此，我有了電影處女秀，在考德伍得翻拍《驚魂記》〔*Psycho*〕著名的洗澡場景中粉墨登場）。不過考德伍得很快就明白，他可以利用這個機會邀請知名演員主演他的短片。有一次，電視製作課的作業是製作一段短短的電視節目。考德伍得的大部分同學都互相做個簡短訪問，滿足基本需求就好，但考德伍得邀請得過奧斯卡金像獎的女演員艾絲提·柏遜絲（Estelle Parsons）參與作業，當時她正在演一齣提名東尼獎（Tony Award）[39]的舞台劇，而她同意了。他讓自己很幸運，方法是注意到不太容易發現但令人興奮的另一種選擇，勇敢爭取自己想做的事。

接下來，考德伍得承接了愈來愈大的挑戰，最後獲邀執導電視節目《歐布萊恩深夜秀》（*Late Night with Conan O'Brian*），做了很多年；後來又陸續執導很多電視節目，包括《瑞秋雷》（*Rachael Ray*）、《美國版料理鐵人》（*Iron Chef America*）等。如果他在二十歲時看到成年後的自己，他會被自己的超級幸運嚇壞了。他的運氣，來自於把自己所知的一切投注於他做的每一件事情。他大膽爭取機會，做一些以前從沒做過的事，而且每一次成功都帶給他更深刻的見解和知識，幫助他承擔下一次更艱鉅的挑戰。

小舞台和大舞台的執導經驗其實很相似，考德伍得在很久以前就把這個觀念謹記在心，因此為自己創造一個又一個機會時，他有足夠的信心跳到愈來愈大的踏腳石上。許多人跨出這麼大一步都會覺得很不自在，因此寧可待在比較小的舞台上。當然你可以主張，與熟悉的團隊合作小型的案子也有很多好處；其他人則夢想能躍上更大的舞台，卻因為察覺到自己的位置和想要去的地方距離太遠而退縮。考德伍得的故事告訴我們，只要能發現和抓住周遭的所有機會，就確定可以從一個舞台慢慢邁向另一個舞台，每一次都讓自己更接近最後的目標。

我們全都可以打造自己的幸運，只要了解幸運就像是不斷吹拂的風。要怎麼掌握一陣陣的風勢就看你怎麼做，例如對於自動出現的機會抱持開放的態度、機會一出現就充分利用、密切注意周遭世界發生的事、盡可能和很多人互動，而且盡可能使之成為正面的互動。創造自己的幸運，說到底就是扭轉逆境，並讓順境更加順暢。盡可能探索各種不同的環境，採用與眾不同的方式，把這些經驗好好重新組合一番，而且勇敢踏上我們嚮往的人生舞台，就能大幅增加幸運之神眷顧的機會。

39 東尼獎是美國百老匯舞台劇的最高，與艾美獎、葛萊美獎和奧斯卡金像獎並列為美國美國藝術四大獎。

09

最有價值的生日禮物

改變人生的簡單小事

誰能料到

母親在我十歲生日送的萬用卡，

竟然變成我這輩子最有價值的禮物！

學校沒教的許多簡單小事，

讓你的人生變得很不一樣。

多年來，我因為不懂這些小事而多次跌跤，

也犯過一些無法彌補的錯誤。

誰都想不到，母親在我十歲生日送我的那包萬用卡，竟會是我這輩子最有價值的禮物之一。淺藍色的萬用卡頂端以大寫字母印著我的名字「TINA」（婷娜）。早在我那個年紀，母親就教我怎麼寫謝函，以及謝函有多麼重要。她這樣做真是對極了。事實上，等我長大進入職場後，我經常向母親請教，她總是知道在社交場合怎麼做才得體，但我向她學到的最重要一課，仍然是寫謝函的重要性。

從那以後，我就學到「感激之情」和「表示感激」之間的巨大差別：感激之情是心懷謝意，表示感激則是把感激之情表現出來的行為。有研究證實，感激之情會增進身心健康、改善睡眠，也提升生產力。但光是懷抱感激之情還不夠，你需要感謝那些為你付出的人，才能得到最大的益處。

要記住，別人為你做的每一件事都是有機會成本的，意思是如果有人刻意花時間關心你，他們就少為自己或別人做一些事情。你很容易誤以為自己只做了小小的請求，但是別人很忙時，並沒有「小小的請求」這回事。他們必須停下手邊正在做的事，專注於你的請求，並花時間回應。將這點謹記在心，你永遠應該感謝別人對你的協助。事實上，假設送出感謝函是應該的，想想看你如果沒有送出感謝函，這樣的例外會帶給人什麼樣的觀感。由於很少人真的送出感謝函（說來可惜），你送出就會顯得與眾不同。

我一直嘗試用各種不同的方法表達內心的感激，結果發展出一種新的習慣。每一天結束時，我回顧自己的行事曆，針對提供協助的每一個人發送一封簡短的感謝電郵，例如感謝跟我一起開會討論某項計畫，或者感謝帶我去吃午餐。這只要花幾分鐘就行了，卻強迫我仔細回想其他人幫助我的所有事情。這個小小的舉動增加我的感激之情和表達感激之舉，當然也讓我和其他人的關係變得大不相同。

「世界上只有五十個人」

還有很多其他的小事會讓你的人生變得大不相同。有些可以憑直覺得知，有些則出乎意料之外；有的事情學校會教，但大多數沒有教。多年來，我因為不懂這些「小事」而跌過很多次跤，有時候是無法彌補的錯誤。

首先，最重要的是請記住：世界上只有五十個人。當然，實際上並非如此，但你經常會有這種感覺，就是不管走到哪裡都有可能碰到認識的人，或碰到的人認識你認識的人。坐在你旁邊的人可能會變成你的老闆、員工、顧客或妯娌，而在你的人生道路上，同一批人很可能會扮演許多不同的角色。我就有好幾次經驗，以前的上司後來向我求助，我也發現自己跑去找以前的下屬尋求指引。我們不斷以意想不到的方式變換角色，而且沒想到有些人在你的人生之中不斷出現。

我們住的世界這麼小，因此與人為善真的很重要，千萬不要毀了人際關係，無論你多麼想要這樣做。你不會喜歡所有人，也不會每個人都喜歡你，但沒有必要樹立敵人。比方說，你找下一個工作時，面談的人很可能會認識某個你認識的人。透過這種方式，你的名聲會帶領你前往自己想去的所有地方。如果名聲不錯，就會對你有利；但如果名聲不好，那可就糟了。

我看過以下的狀況上演無數次。想像一下，你正在應徵一份工作，還有數十個候選人。面談進行得很順利，你似乎很適合這個職位。在面談過程中，面試的人看著你的履歷，發現你曾經在她的一位老朋友手下做事。面談結束後，她很快撥電話給老朋友，詢問你的事情。她的老友隨意說幾句話，評論你過去的表現，可能就決定你會不會錄取。很多時候你相信工作已是囊中物，卻馬上收到拒絕信。你永遠不知道自己為什麼出局。

名聲是你最寶貴的資產，所以要好好保護。但如果你在人生道路犯了一些錯誤，不要因此灰心喪志，經過一段時間，還是有可能修補受損的聲譽。多年來，我想出一個比喻來協助說明我的觀點：你和別人互動的每一次經驗，都像是落入池塘的一滴水。你和那個人的互動經驗逐漸增加，水滴不斷累積，池塘也變深。正面的互動是清澈的水滴，負面的互動則是紅色水滴。但兩者並非完全相等。換句話說，要許多顆清澈的水滴才能稀釋一顆紅色水滴，而且面對不同的人，需要的水滴數目也不一樣。寬大為懷的人只需要少數的正面經驗（清澈水滴），就能稀釋掉不好的經驗；比較嚴苛的人，則需要很多清澈的水滴才能稀釋掉紅色。此外，面對不同的人，池水排乾的速度也不一樣。於是有些人只注意最近發生的經驗，其他人則是對於好經驗和壞經驗都記得很長的時間。

這個比喻的意思是說，如果你和某人互動時累積大量的正面經驗，那麼他幾乎不會注意到出現一滴紅色水滴，那就好像把一滴紅墨水滴入汪洋大海。但如果你和某個人不是那麼熟稔，則一、兩次不好的經驗就會把池塘染紅。你可以透過許多正面的互動把負面的互動洗刷掉，直到紅色水滴漸漸淡去，可是紅色愈深，你就要花愈多工夫才能讓池水變得澄清。我發現，有時候水池永遠不會恢復清澈，一旦發生種狀況，就該停止和那個人互動。

這件事提醒我們，與別人互動的每一次經驗都非常重要，無論對方是你的朋友、家人、同事或提供服務的人。事實上，有些組織真的會留存你如何對待他們的資料，藉此決定他們要如何對待你。比方說，有些知名的商學院會記錄申請者與學校和人員的每一次互動。如果申請者對接待人員很沒禮貌，就會記錄在申請者的檔案中，作為決定錄取與否的一項參考資訊。捷藍航空公司也是如此。作家蘇頓在《拒絕混蛋守則》書中指出，如果你經常無禮對待捷藍公司的員工，他們會把你列入黑名單，於是你覺得很奇怪，為什麼老是訂不到捷藍航空的機位！

好好說自己的故事

很顯然的，你無法永遠取悅每一個人，總是會有一些舉動惹惱某些人。想知道如何處理這樣的狀況，有個方法是想像一下當塵埃落定後，你會怎麼描述後來發生的事。

我想起一個案例，幾年前有個學生跑來問我的意見，他當時是全校商業計畫競賽的主辦人，有一組參賽者缺席最後一輪的評分。他們和所有挺進最後一輪的隊伍一樣，為計畫案努力了七個月，克服重重障礙，就快要抵達終點線了。那一組沒有收到通知口頭報告時間的訊息，一部分原因是通知時間太晚，另一個原因是他們沒有注意到。

來徵詢我意見的學生不知道該怎麼辦。他覺得顯然有兩個選擇：他可以堅守規定，取消那一組的資格；或者他可以彈性處理，幫他們另外安排口頭報告的時間。他的直覺反應是一切照規定來，因為其他人都有辦法準時出席，而且要重新安排時間也很麻煩。我只給他一個建議：不管最後決定怎麼做，我希望他日後很高興自己做了這個決定。我鼓勵他思考一下，如果在應徵工作的時候，別人用這一題考他，問他如何處理這樣的兩難困境，他會怎麼回答；或者，將來很多年後，他會怎麼對自己的孩子講述這次經驗。結果，他們容許缺席的隊伍補做口頭報告。請記住，如果要評估你該怎麼面對兩難的困境，想想看將來你想要怎麼描述這件事，一般來說這是很好的方法。現在就好好營造這個故事，以後才能很驕傲地講給別人聽。

每個人都會犯錯，做錯事是人生的一部分，尤其是第一次嘗試的時候。為了自己做過的蠢事，我曾花了無數的時間懊惱不已。不過我也發現，關鍵在於好好學習如何彌補錯誤。比方說，懂得如何道歉是很重要的事；光是承認自己搞砸了都很不容易。你不需要發表長篇大論拚命解釋，只要說：「我沒有把這件事處理得很好。我很抱歉，我不會再犯同樣的錯。」一發現自己犯錯後，愈早道歉愈好，如果你等了很久才道歉，造成的傷害會愈來愈大。

我有很多次機會練習如何彌補錯誤，以下故事尤其令我難忘：我踏出校門沒多久，就在本地的報紙上看到建造聖荷西科技博物館的計畫。聽起來像是很棒的工作地點。史丹佛大學教授吉姆・亞當斯（Jim Adams）是研究創造力的先驅，他將會擔任博物館館長。我每天都打電話去博物館辦公室，想要找亞當斯教授談話，但他們每一次都說他不在辦公室。我沒有留言，接待人員漸漸認得我的聲音，每一次我打電話過去，他們都會通知亞當斯。等到我真的和亞當斯通上電話，他手上的留言條厚達將近三公分。

亞當斯最後同意和我見面。在會面過程中，我努力通過他的考驗，但他們其實沒有正式職缺可以給我。最後，他建議我去找最近獲聘負責展場設計規畫的女士談一談。其實這位女士的第一個任務，很有可能就是設法把我甩掉。她邀請我一起午餐兼面談，但我們還沒點菜，她就說：「我只想告訴你，你不太適合這個組織。你太咄咄逼人了。」我感覺眼淚快要奪眶而出，必須趕快想辦法不要這麼慌亂。我向她道歉，表示我很感謝她告訴我這件事，然後說，大多數人會說我精力充沛、充滿熱誠。顯然我的熱誠會讓別人產生誤解。緊張的氣氛緩和下來，我們談得很愉快，我離開時得到一份工作邀約。

這個故事告訴我們，為自己的舉動負起責任、願意從經驗中學習是多麼重要，一旦你能這樣做，就能快速向前邁進。這也呼應了前面提到的觀點，我目前在史丹佛大學開設的創造力課程，多年前正是由亞當斯教授率先開創。這個世界真的很小吧！

珍妮．卡瓦琪（Jeanie Kahwajy）是人際互動方面的專家，她的研究顯示，主動展現出自己很樂意學習的人，可以很有效地扭轉負面的情境。卡瓦琪做了一些實驗，由招募人員對應徵工作的人進行模擬面談，而招募人員原本對應徵者有負面的偏見。他們把應徵者分為三組，告訴第一組要證明自己應該獲得工作，再告訴第二組要從雙方的互動中學習，而最後一組是對照組，沒有給予特定指示。她發現，對照組和努力證明自己應該得到工作的第一組，這兩組都加深了招募人員的偏見。然而，努力從雙方互動中學習的那一組，扭轉了招募人員的偏見。這個觀察太棒了！抱持著學習的心態，能夠有效改變別人對你的負面偏見。

學習助人的藝術

另一個寶貴的技巧是助人的藝術。我念大學時，大約每個星期和父母通一次電話。每次結束通話前，母親會說：「有什麼地方我幫得上忙嗎？」她的態度表現得慷慨大方，令我印象深刻。在大多數情況下，她其實幫不上什麼忙，但光是知道如果我需要，她很願意幫忙，就令我安心不少。隨著年紀漸長，我慢慢明白，我們對朋友、家人和同事都可以這樣做。當你問別人有沒有什麼地方需要幫忙，他們永遠都會因為你伸出援手而感到高興。少數人會真的請你提供協助，而通常只是請你幫個小忙。偶爾有人請你幫忙的事情，是你辦不到或不願意做的，但即使你婉拒，他們仍會感激你主動伸出援手，而且體諒你無法幫忙的情況。這個概念也在前面為自己創造幸運的章節（參第八章）提過，畢竟為更多人提供協助，你得到的幸運之處就更多。

如果你還沒有經常向別人伸出援手，我建議你有時候嘗試一下。但如果對方接受你的好意，你就必須真心樂意幫忙。正如蓋伊．川崎所說：「你永遠都應該努力當個『好人』。」他繼續說：「好人會幫忙那些無法提供回報的人。好人伸出援手的動機，並不是想到『哇！這個人是《華爾街日報》的西區經理，如果我巴結這位《華爾街日報》的重要人物，說不定會得到一些正面的報導。這個人可以幫我的忙，所以我會幫他。』好人並不會這樣想。好人會想：『我幫忙別人，是因為幫別人的忙真的很快樂。』你也知道，一位服務生能夠幫你的地方很有限。我想，他們可以幫你端來食物，但你知道除此之外，他們沒辦法幫上什麼忙。你想要找個好方法測試「好人」嗎？不妨看看他們怎麼對待服務生吧，還有空服員……到最後即將告別人生時，別人對你的評價並不是看你的市場占有率，不是看你有沒有打敗美國司法部的反托拉斯署，不是因為你擁有最多的德國車或義大利車。別人對你的評價，是看：「你有沒有讓這個世界變得更好？」[40]

我記得很清楚，以前我並不知道要怎麼拿捏這種事。剛上大學一年級的時候，班上有位同學的身體不太方便，走路需要拄著拐杖。有一天，他上課途中在斜坡上滑了一跤，跌倒在地上，掙扎著想站起來，但我不知道該怎麼辦。如果沒有伸出援手就走開，我會覺得很不安，但是又怕如果走過去幫他，會讓大家注意到他身體不方便，令他感到難為情。另一次，班上有位同學的母親因為久病而過世，我也有同樣的感覺。我不知道該說什麼才好，深怕自己說錯話，於是選擇什麼都沒說。過了幾年後，我在史丹佛校園裡跑步，前一天下過雨，我滑了一跤，重重摔在泥濘的路上。身上的擦傷好痛，而且渾身都是泥巴，我坐在路邊，眼淚撲簌簌落下。至少有十幾個人經過我身邊，沒有一個人問我是否需要幫忙。那時候我才明白，對於幾年前在全班面前跌倒的那位同學，以及失去母親的那位同學，我應該主動開口詢問：「你還好吧？有沒有什麼地方我幫得上忙？」現在看起來好像很簡單，我卻花了很多年的時間才想通。

其實，我有位好友教導我明白這件事。當時她打電話給我，說她剛剛診斷出罹患乳癌，我聽了心慌意亂，但不知道該怎麼辦，於是什麼事也沒做。大約過了一星期後，她又打電話給我，問我怎麼了。她擔心我是不是因為太難過而沒有伸出援手，或者是不是出了別的事。我坦白告訴她，我不知道該怎麼辦，請她教教我。她告訴我，如果我能每天打電話給她互道平安，她會很感激。沒問題！我辦得到。後來，在她遺憾離世之前，我每天打電話給她，足足打了八年。她給我的建議是一份厚重的禮物，不只因為她在那段難熬的時期教我怎麼幫她的忙，也因為我們每天聯絡而建立了深厚的友誼。有時候我們只聊個短短幾分鐘，但那樣的每日聯繫徹底改變我們的友誼深度，對此我永遠感激。

做對的事，而不單是做聰明的事

此外，許多人經常掉進另一個很大的陷阱：他們覺得應該做「聰明」的事，而不是做「正確」的事。很多人經常把這兩個概念搞混了。聰明人往往過度分析問題，想出他

40 有關蓋伊．川崎的影片，請參 QRCode 26。

QRCode 26

們認為最符合個人利益的解決方案（即聰明的選擇），卻不是做正確的事。《僧侶與謎語》的作者高米沙講了一個親身經歷的故事來說明這一點。

他找了一個包商來整修房子。那個包商做得很差，需要很多後續的工作來彌補錯誤。完工很久之後，那名包商打電話給高米沙，說他還沒有付清最後一筆款項。高米沙曉得那名包商做事多麼沒有條理，他很有把握包商不管怎樣都無法證明這件事。但高米沙回頭檢查自己的紀錄，發現確實還沒有付清尾款。原本他大可質疑包商記帳有誤，有正當的理由不支付這筆款項，不過高米沙知道，雖然他不滿意包商的工作成果，但確實欠包商這筆錢。他寫了一張支票，心裡很清楚這樣做才對。

每次我想到「做正確的事，而不是做聰明的事」這個問題時，就會想起擔任陪審團成員時碰到的一個訴訟案。那是個非法解雇的案子，一位女士控告她的雇主，在她即將拿到股票選擇權的前幾天，無緣無故將她解雇。那個案子的審理時間長達十週，我有很多時間思考「正確」的判決。法律站在雇主那一邊，因為原告本來就是「自由雇傭」，隨時都有可能遭到解雇，但不確定的是，關於她的解雇時機，雇主的做法是否「正確」。陪審團討論了好幾天。回顧當時，要深思熟慮實在非常困難，因為我們在正確的決定和聰明的決定之間左右為難。最後，我們做出的裁決對原告有利，但給予的賠償遠低於她要求的數目。我後來得知，原告提起上訴，又展開另一輪的官司。

包商和審判的故事都突顯一個事實：做正確的事情，以及想出最符合自己利益的決定，兩者之間有很大的差異。你的行為永遠會影響別人對你的觀感，而我提過無數次，你可能會一再遇到同樣的一些人。不說別的，他們一定會記得你是多麼自私的人。

三的法則

許多自找麻煩的人，最常犯的錯誤就是承擔太多責任，結果帶來連連挫敗。人生是一場豐盛的自助餐，各種可能性就像一盤盤誘人的美食，但是拿太多食物到自己盤子裡會消化不良。人生就像真實的自助餐一樣，可以什麼事情都做，只是不要同一時間一起做。事實上，無論你年紀多大，最優先考慮的事項都是努力工作。不過如同作家葛瑞格．麥基昂（Greg McKeown）所說：「如果你沒有優先考慮自己的人生，就有別人會這樣做。」[41]問題是，我們很多人的成長過程都抱持著匱乏心態，覺得自己樣樣都缺，但其實身處於豐富的世界。結果呢，等到機會變得比較豐富時，我們就在自助餐檯狼吞

41 引自麥基昂的著作《少，但是更好》（*Essentialism: The Disciplined Pursuit of Less*）。

虎嚥，拿取的東西遠超過自己能夠細嚼慢嚥的數量。42

有個方法是一次只接受三個優先事項，而心裡知道隨著你的人生不斷改變，這些優先事項也會改變。這不是什麼嶄新的概念。事實上，美國海軍陸戰隊和其他軍種都採用「三的法則」；經過多年的反覆試驗，他們發現大多數人一次只能盯著三件事，於是把整個軍隊系統設計成反映這個基本原則。一名班長負責帶領三個伍長，一名排長帶領三個班長，而每個連包含三個排。軍方曾實驗「四的法則」，結果效能直線下滑。

你還可以用另一種方法來看待自己的待辦事項：什麼事是你需要做的？什麼事又是你真正想做的？

●如果是你需要做且很想做的事，你會很容易就說「好」，例如參加好友的婚禮。

●如果是你不想做也不需要做的事，你很容易就會說「不」，像是與你的工作沒有直接相關的會議。

●如果是你需要做但不想做的事，你非說「好」不可，像是填寫支出費用報告，或者把垃圾拿出去丟。

●最考驗人心的決定，則是你想要做但不需要做的事。有些例子的機會實在很吸引人，到最後你可能會說「好」，即使你必須硬擠出時間才能做那些事。

如果你打從心底知道自己沒有時間，那麼無論機會有多麼吸引人，訓練你自己說「不」是很重要的。像這樣的例子，我會拿張紙條寫下這些字句：「非常謝謝你給予這麼好的機會。真希望我有時間參與。請別誤會，我是沒時間，不是沒興趣。」這封短信傳達了我有多麼感激能接獲邀請，同時也打開一扇門，迎接未來可能出現的機會。這樣能讓我保持專注，專心處理對我來說最重要的事，不會在過程中受到一大堆好玩又吸引人的事物分散注意力。

另一種方法也很有幫助，想想看「你想做的事」和「不想做的事」各花多少比例的時間去處理；還有，「非做不可的事」和「沒必要做的事」各花多少時間去處理。如果你大部分的時間都花在自己不想做的事，那麼你該重新考慮自己扮演的角色了。此外，如果你花了大部分的時間處理沒必要做的事，也許應該重新考慮自己的優先事項。最好的狀況，是去做那些你需要做而且很想做的事。當然啦，我們經常做一些不想做的事，因為那些事需要有人做，或者因為會帶來長期的好處。不過，你值得好好評估一下自己

42 引自作者希莉格的一篇討論匱乏和豐富的部落格文章，〈如何由匱乏之順利轉換到豐富〉（How to Navigate the Transition from Scarcity to Abundance），發表於二〇一七年三月七日，請參 QRCode 27。

QRCode 27

怎麼利用時間，讓短期和長期的工作都達到最高的效率。

限制自己只優先處理少數的重要事項，你可能覺得很沮喪；然而，這樣可以幫助你不用採取「非此即彼」的二分法，也就是不必只能從兩者之中擇一而做。的確，有些事情可以一件件依序完成。比方說，你面對一個大案子的截止期限，其他事情都得先擺到一邊去。不過，還是有很多方法可以讓你一次不只滿足一種渴望。舉例來說，如果你喜歡烹飪，又想花些時間和朋友相聚，你可以創辦一個烹飪社團。我認識一位女士，她成立一個叫「切切聊聊」的社團。每個星期日，六位女士會到其中一位成員家裡聚會，每個人各自帶食材做不同的菜，然後分成六大份。大家都帶六道不同的主菜回家，足夠吃一個星期。「切切聊聊」是很有創意的方式，讓女性可以一起做菜、一起聊天，同時為家人準備餐點。

你也可以找到創新的方式，結合工作和你熱中的其他活動。就以創投家菲恩．曼德寶（Fern Mandelbaum）為例，如果要和曼德寶開會，你會假定開會地點是她的辦公室。但曼德寶也是運動迷，熱愛戶外活動，所以如果你想和她討論新的創業計畫，最好有心理準備，加入她的艱苦健行活動。認識曼德寶的每個人都曉得，去找她開會要穿上健行鞋、隨身帶一瓶水。她發現這個策略是個好方法，既能真正了解每一位創業家，又能呼吸新鮮空氣和運動。

總而言之，只需要一點點練習，很容易就能從每一天多擠出一點甜美的汁液。一定要對幫助你的人表達感激。隨時在桌上準備一疊謝卡，而且經常使用。還有絕對不要忘了，這個世界非常小，你可能三番兩次碰到同樣的一些人。你要保護和提升自己的名聲，這是最寶貴的資產，應該要好好守護。要學習道歉的方法，簡單的「對不起」就很好。要做正確的事，而不是做聰明的事，以後述說起往事才會以自己為榮。而且不要承擔太多責任，免得你自己和仰賴你的人都感到失望。想想看你花多少時間做需要做的事和想做的事，而且要自己為優先，才不會由別人來決定你的優先事項。

10

先射箭再畫靶

如何讓團隊合作發揮最大的效能

我們生活在複雜的世界裡，深深仰賴其他很多人。
你要知道如何與別人一起合作，以最有效的方式彼此商量，
讓你的團隊發揮最大的效能，也讓自己很容易幫上別人的忙。
這些技巧全都推動你向前走，也幫助你身邊的人達成自己的目標。

好幾年前，我兒子喬許就讀高中時，很想買一輛新的自行車。他很有興趣參加公路車比賽，「很需要」一輛酷炫的新車。他來找我和我丈夫麥克，說道：「我做了完整的研究，已經找到最適合的自行車。這對我來說真的很重要。」我們的回應是：「很好啊。我們沒有理由花那麼多錢買一輛自行車。我們可能願意出一半的錢吧。」我補上幾句：「喬許，看看你周圍。也許你可以找到某種方法，讓購買自行車這件事對我們來說比較有吸引力？」我鼓勵他想想看自己可以做什麼樣的努力，讓自行車的價錢感覺比較值得。

喬許思考了幾天，帶了一個提案回來找我們，提議他所有的衣服都自己洗，而且一星期有三天晚上幫全家準備晚餐。很有趣的點子……我和麥克列入考慮，最後決定這個交易很划算。喬許洗自己的衣服和準備晚餐，幫我們省了很多時間，他也會學到一些重要的技能。我們同意這個條件。喬許得到自行車，認真承擔起新的責任，也因為大家都遵守承諾而建立了信任感。

達到成功協商的最大關鍵

就像所有的父母，我們有很多機會與孩子商量未來的交換條件，這強化了一項事實：不管什麼樣的協商，最重要的結果就是得到下一次商量的機會。第一次的交換條件只是剛開始而已。如果第一次的商量結果很公平又和諧，雙方都遵循各自的承諾，那麼下一次的商量有機會進行得更加順利。如同前面提過很多次了，我們生活在一個很小的世界裡，許多事情反覆出現是很正常的。

我們與別人的大多數互動，基本上就是一連串的協商，但由於不懂最基本的原則，常常對自己造成很大的傷害。我們與朋友商量星期六晚上要做什麼，我們與家人商量誰負責洗碗盤、誰負責支付帳單，我們與同事商量誰會加班完成某項工作，我們也與業務員商量車子的售價。我們整天都在商量。大部分人甚至不知道自己正在商量事情，也完全不知道怎麼商量會得到比較好的結果。以下是一些訣竅，透過課堂上的活動好好學習：

以下的練習，表面上好像是求職者和雇主之間的簡單協商。[43]總共有八個項目，包括薪水、放假時間和工作分配等等，而每個人針對每個項目進行評分，目標是讓自己得到最高分。一般來說，進行協商的兩個人會針對每個項目依序討論，試著達成共識。然

43 這裡的協商練習，是作者觀察談判專家瑪格麗特．安．尼爾（MargaretAnne Neale）在史丹佛商學研究所課堂上的一個練習。

而他們很快就發現，這種策略其實行不通。到了三十分鐘協商時間結束時，有些組別達成決議，其他組則決定放棄，沒有達成協議。達成共識的組別又可分為兩大類：有些組別渴望一起合作，有些則對於結果感到相當不安。有些小組到最後打的總分相當接近，其他組的分數則天差地別。這到底是什麼樣的狀況呢？

在所有的協商中，最常見的錯誤是做了預先的假設，而在這個例子裡，最常見的假設是招聘人員和應徵者的目標剛好相反。應徵者假設招聘人員的需求，剛好與應徵者自己希望的條件完全相反，而事實上他們在八項之中有兩項一樣，兩項相反，兩項是應徵者比較重視的，還有兩項是招聘人員比較重視的。雖然是人為的實驗，但這個案例很能反映真實生活的大部分情況。協商的雙方其實經常有共同的利益，但他們往往認為彼此對某個議題抱持相反意見，而幾乎永遠都有一些條件是其中一方比另一方覺得更重要。

成功協商的關鍵，是要找出每一個人關注的利益，產生的結果才能對每個人都最有利。這說起來簡單，做起來卻很難，畢竟大多數人緊抱著自己的利益不放，相信這樣能為他們帶來最有力的協商地位。但這種策略經常遭到誤用，因為在實際情況中，其中一方想要的條件可能根本與另一方的想法一致。

談判專家尼爾說，每個人都應該把談判過程視為一種發揮創造力的解題練習。[44]抱持這種心態，你很有可能從談判中設法得到較多的選項。我把她的這個看法謹記在心。

在最近一次買車的經驗裡，我決定試試，如果透過學習的眼光來看待這次商談會有什麼結果，於是我挑戰自己長期以來的預設立場，即業務員希望我盡可能掏出最多的錢，因為我想要盡可能花最少的錢買車。

試駕車子的時候，我好奇心大開，問了關於汽車業的一大堆問題，包括業務員如何抽成。我驚訝發現，這位業務員的佣金與我支付的車價完全沒有關聯；他的獎金是根據顧客服務獲得絕佳評價才能得到。我對他說，那對我來說不是問題，我很樂意給他極好的評價，以交換好的價格。我們找到雙贏的局面。其實我們雙方的利益是一致的，但我如果沒有花時間探究一番，很可能永遠都不知道或想像不到。

成功的協商是創造雙贏的局面

好消息是，你每一天都有機會進行談判協商，所以有很多機會練習這項技巧。下面的故事說明了談判隨處都會發生。

44 引自尼爾的訪談內容〈解決其他人的問題而贏得更多〉（Win More by Solving Other People's Problems），收錄於「史丹佛創新實驗室」（Stanford Innovation Lab），二〇一七年一月十一日，錄音內容請參 QRCode 28。

QRCode 28

幾年前，我在北京參加一場研討會，我的同事艾德．魯比西（Ed Rubesch）與他的一些學生見面，他們來自泰國的法政大學，準備去長城看日出兼健行。聽起來很棒，於是我也急著想找到方法去長城看日出。我心想，那樣的旅程應該很容易安排吧，但因為某種原因，結果幾乎不可能成行。我先找旅館的禮賓部，然後找當地一位教授，接著找旅館附近的計程車司機，沒有人能幫我解決我的請求。同一時候，我把這個構想告訴其他同事，他們很多人也想加入，組成旅遊團。大家約定好，清晨三點在旅館大廳集合出發去長城，反正由我搞定所有事。我不想讓大家失望，但完全不知道該如何達成任務。我已經把所有顯而易見的解決方案都用光了。

旅館隔著馬路的對面是一所教英文的學校，我心想至少能找到某個人用英語溝通。接待員本來主動出擊，試著自己去叫車，後來她建議我找大廳裡的一位十七歲學生。我向他自我介紹，坐下來與他閒聊。我的目標是找到某種理由，讓他會想要幫我達成目標。過沒多久，我就發現他是成績很好的學生、音樂家和運動員，正準備申請大學。找到了！我也許找到可以幫忙他的方法了。我對他說，如果他能幫我去長城看日出，那麼我會幫他寫申請大學的推薦信。對他來說，這聽起來也像是很好的條件！努力了好幾個小時之後，他解決了我的問題，找到一輛車和一位司機，也答應隨行擔任翻譯。在那之後，我實在太高興了，寫了一封推薦信描述他的主動、創造力和慷慨大方。我們一起創造了很棒的雙贏局面。這是一份不斷給予的禮物，因為後來的幾年，我幫他寫了好幾封推薦信。

史丹．克里斯汀森（Stan Christensen）開設一堂談判課程，他的專業就是設法從談判中得到最大的價值。他建議你在談判時尋找驚喜之處，因為有驚喜，就表示你原本的假設並不準確。他也建議，你採用的談判方法要根據談判對象的利益和風格來決定，而不是著眼於你自己的利益。不要帶著清楚明確的計畫走進任何談判現場，反而要仔細聆聽對方說的話，想清楚背後的驅動因素。這樣會幫助你為雙方打造出正面的結果。

有些案例沒有提出雙贏的解決方案，其實最好就結束談判。談判各方的利益都攤開來之後，彼此的目標之間顯然沒有交集，那麼結束談判是最好的選擇。儘管如此，大多數學生還是提出交易條件，雖然那對於談判雙方都只是次佳的條件。很多人抱持著錯誤的假設，認為任何條件都比結束談判要好。這樣做絕對不是永遠都可行，其實永遠都該把結束談判視為可行的選項。

若想知道你是否該結束某次談判，最好的方法是想清楚其他的選項，因此可以把那些選擇與你手上的交易條件好好比較一番。在談判的術語裡，這稱為「談判協議的最佳替代方案」（best alternative to a negotiated agreement, BATNA）。剛開始談判時，永遠都要準備好你的最佳替代方案。克里斯汀森用一個案例研究來說明這個論點，談判雙方包括迪士尼公司和一群環保人士。迪士尼想要建設一個新的主題公園，而環保人士抱持反對意見。準備建蓋主題公園時，環保人士一而再再而三地討論迪士尼可以做的保護環境事項。雙方無法達成共識，談判破裂。結果呢？新公園沒有動工。然而，事後不久，那塊土地賣給一名開發商，在原本的地點蓋了大片的住家房屋。住家房屋對環境造成的衝擊比主題公園更嚴重。如果環保人士能夠考慮談判協議的最佳替代方案（或者可能的替代方案），他們就會發現，能與迪士尼達成協議是最好的結果。

這種情況也發生在我們的日常生活中。如果沒有完整評估所有的替代方案，我們可能會犯很大的錯誤。比方說，你可能放棄某個不理想的工作邀約，後來才發現自己遭到解雇；或者執著於某段不理想的關係，因為沒有意識到其實在別的地方有更好的機會。

一般來說，若要談判得很有效率，你需要了解自己的目標，同時也要了解對方的目標，努力達成雙贏的結果，而且也要知道何時該放棄。聽起來簡單，但這些技巧要花很多工夫才能精通，才能確保談判雙方都感到滿意。

成為有團隊精神的人

除了談判以外，還有一件事也很重要，就是不要執著於自己的想法，要多看看其他人的觀點。重點是讓所有的人際關係來往順暢，讓小組運作良好，讓你自己成功達到目標。只要你提高同理心，就能清楚看出大多數人都努力對抗著某件事。有些對抗很容易看出，像是腿部骨折或黑眼圈，但多數情況深埋在表層底下。我很喜歡「嗆辣紅椒合唱團」（Red Hot Chili Peppers）一首歌的歌詞：「我希望你看到疤痕組織。」這句歌詞提醒了我，我們永遠不知道自己會與別人發生什麼狀況。

事實上，我們自己的痛苦與失望正是開了一道大門，藉此能夠了解和體會別人的痛苦和失望；那也提醒了我們，對待別人應該要認為他們有一顆「玻璃心」，因為他們可能真的是這樣。是的，我們面對的每一項挑戰，都讓我們有機會發展出一些技能，以後能用來處理類似的挑戰。不過同時也提供一種機會，讓我們能從其他人的觀點來體驗和感受這個世界。

可惜的是，大多數人在學校花了很多時間學到的，都是別人鼓勵我們要取得勝利、犧牲別人，因此很難有機會練習幫助別人。我還記得上大學的第一個星期，我拜託宿舍裡的一個女生教我做一份微積分作業。她毫不遲疑說道：「如果我幫你，那麼你的成績會比我好，結果你會去讀醫學院，而我不行。」我說的一點都不誇張。她不願意教我，因為未來四年我們有可能是彼此競爭的關係。幾年後，我聽兒子很難過地說，他所有的課堂都是用常態分布曲線來調整分數，表示除了專心學習考試的教材，他和同學們還得考慮彼此之間的相對表現。這樣嚴重妨礙幫助別人學習。

在這樣的環境裡學習多年後，我實在不知道該怎麼成為具有團隊精神的人。我花了很長的時間才想清楚，這樣的競爭心態，也就是踩著別人的頭往上爬，產生了嚴重的不良後果。生活中幾乎每一件事都要依靠團隊合作，不懂得推動別人成功的人，其實處於非常不利的地位。最有團隊精神的人會不遺餘力地幫助別人成功。事實上，你在組織內的職位爬得愈高，你的個人貢獻就愈不重要。你的工作反而變成領導、鼓舞和推動其他人前進。你的大多數工作都是由同事執行，由他們實現你提出的構想。因此，如果不能和其他人一起工作，你的能力就會很有限。成功的團隊成員懂得互相鼓勵，找到很多方法讓大家一起成功完成任務。此外，優秀的領導人會找到方法，讓每一個人施展自己的長處。

「先射箭再畫靶」是團隊合作的精髓

我曾經參與一些團隊，裡面的每位成員都覺得自己分配到「簡單的」工作。仔細想想，這真是非常理想的工作環境。每個人都做自己最擅長的工作，而且很能欣賞團隊裡其他人的貢獻。每個人做的工作都完全符合各自的技能和興趣。每個人都覺得自己很有貢獻，也能讚美其他人的貢獻。「先射箭再畫靶」這句話正能說明上述的巧妙之處。

我最初是從同事弗瑞斯特・葛利克（Forrest Glick）口中聽到這句話，自從他任教於哈佛大學，這句話一直是他的團隊的座右銘。其中的概念是這樣：你應該要盡可能挑選最有才能的人（那支箭），然後根據他的長處打造適合的工作（那個靶）。如果你讓很有才能的人去做他們最擅長的事，那麼結果會令人驚豔。他們能夠實現自己的抱負，因此會比做一些不符合能力或興趣的工作更有成效。關鍵在於，組成團隊時要讓每個人適才適性。

無論你身處什麼樣的環境，很可能都需要別人的協助才能完成工作，包括協助尋找資訊、資源、人脈和機會。懂得開口尋求協助也很重要。如果你很有禮貌地提出請求，多半都會得到正面的回應。矽谷的高階經理人和創投家羅伊森對於幫助別人非常慷慨大方，她也說，別人提出請求的方法，決定了她會用什麼方式給予回應。比方說，她告訴我們的學生，有人請她幫忙時，等於用最有效的方式運用他們自己的時間，而把另外的重擔轉移到她身上。他們可能寄了一封文字散亂的電子郵件給她，她還得花時間搞清楚他們想要做什麼，然後分成幾個部分寄給不同的人。她建議你不要這樣做，而是要自己做功課。如果羅伊森提供機會，把你介紹給好幾個人，那麼你就擬好一組針對特定對象的訊息，讓她很容易附上一段簡單的介紹，然後再轉寄出去。如果你讓她很容易就能幫你的忙，她會很快完成。她說，如果你讓她覺得很麻煩，她就會把你的請求扔進一大疊資料的最底部。[45]基本上，你要讓別人很容易就能幫你的忙。你要從他們的觀點來看眼前的情況，想辦法以最簡單的方式提出你的請求。

我們生活在複雜的世界裡，深深仰賴其他很多人。因此很重要的是，你要知道如何與別人一起合作，以最有效的方式彼此商量，讓你的團隊發揮最大的效能，也讓自己很容易幫上別人的忙。這些技巧全都推動你向前走，也幫助你身邊的人達成自己的目標。

45 羅伊森談及讓你很樂意幫別人的忙，〈人際網絡專家羅伊森談論建立重要的商業連結〉（Networking Expert Heidi Roizen on Making Business Connections That Matter），二〇一七年十一月一日，訪談內容發表於Adobe部落格，請參 QRCode 29。

QRCode 29

11

老師，這個會不會考？

不要錯過能夠大放異彩的機會

學生最喜歡問老師的問題是：「這個會不會考？」
經過多年學校教育的不斷強化後，
學生都知道他們只需要符合最低要求，
拿到想要的成績就好。
想要大放異彩有很多不同的方式，
但一切都是從破除自我設限、願意發揮真正的潛能開始。

我從來不用投影片上課，只有在開學第一天，用來說明這個學季的十個星期課程所涵蓋的內容。最後一張投影片總是列出我對班級的承諾，以及對學生的期望。最後一個重點是：「千萬不要錯失能夠大放異彩的機會。」我承諾每堂課都傳授最棒的內容，也期望學生拿出最好的表現。我也告訴學生，我很樂意讓每個人都拿「A」，但A的門檻非常高。這是我第一次、也是最後一次提起這件事。

結果呢？學生的表現不斷超乎我的預期，也超乎他們自己的期望。他們懷抱著高度的熱誠，讓自己大放異彩，而隨著學季的課程不斷開展，他們不斷提高A級的門檻。事實上，幾年前有一次我提早幾分鐘進教室，發現有個學生坐在教室外面，聆聽她新買的**iPod nano**。我以前從來沒看過那個玩意兒，請她借給我看一下。她交給我的時候，把它翻到背面。後面刻了幾個字：「千萬不要錯失能夠大放異彩的機會！」顯然她在網路上訂購時，選擇在背面刻字。她沒有選擇把自己的名字或聯絡方式刻在上面，而是選擇了這句話，因為她希望每一天都記住這句話。她這樣做當然不是為了我；她這樣做，完全是為了自己。

這句話如此深入人心，我再也不感到驚訝。現在我知道，每個人就是等著接受這種指令。大家都渴望別人准許他們盡己所能、擊出全壘打，讓自己大放異彩。可惜在多數情況下，大家沒有獲得這樣的准許。我們接收到的鼓勵往往是「滿足最低要求」；換句話說，別人往往有意無意地鼓勵我們付出最少的努力，只要滿足基本的要求就好。比方說，老師出作業會清楚說明需要達到某個分數。而且，學生最常問老師的問題是：「這個會不會考？」經過多年學校教育的不斷強化後，學生都知道他們只需符合最低要求，拿到他們想要的成績就好。職場上也是如此，上司會列出下屬要達到的特定目標，並且針對發放紅利和職位升遷制定了規範和標準。

如果清楚知道你會獲得什麼回報，要達到那樣的期望是很簡單的。然而如果能打破那樣的上限，就會發生不可思議的事。事實上，我相信每個人心中都壓抑一股強烈的欲望，很想要打破上限。那就好像搖晃一瓶汽水，只要移除你察覺得到的重重限制，就能達到令人驚喜的成果。

盡己所能，大放異彩

有些人永遠都能發揮自己的最佳表現，即使是極具挑戰性的狀況也一樣。來看看艾許薇妮．朵喜（Ashwini Doshi）的例子，我大約十五年前認識她時，她是研究生，申請我們系上的研究助理工作。儘管我是個開明的人，但她走進我的辦公室面談工作時，我真的大吃一驚。朵喜是個很漂亮的女生，但身高只有一百一十公分。她的聲音像小女孩，思想卻完全是成熟的大人。說來很難為情，我並沒有雇用她。這對朵喜來說司空見慣，大家往往被她的外表嚇住了，常常需要經過多一點互動，大家才會覺得很自在，不去注意她在外表上的差異。幸好她決定選修我的課，讓我有機會進一步了解她。等到我們的研究小組又有職位出缺時，我趕緊把握機會聘用她。朵喜在工作方面堪稱模範，她很善於和別人合作，總是表現得超乎預期。

朵喜出生在印度的孟買，在十九個人的大家庭中長大，包括她的父親、三個哥哥、三個嫂嫂和他們的子女，再加上祖父母。朵喜出生時身高正常，但是一歲時就明顯看出她沒有發育得很好。印度的醫師無法提供照顧她的方法，於是父母把她骨骼嬌小的X光片寄給美國的專家。醫學上唯一的辦法是讓四肢骨骼盡量伸展，整個過程需要在六年裡進行伸展手術，每一次她都必須在床上躺好幾個月，對這個好動的小女孩而言幾乎是不可能的事。

幸好朵喜的家人都很開明，而且十分疼愛她。很多家庭有這麼不一樣的人會覺得非常丟臉，於是把小孩藏起來。可是朵喜的家人並沒有這樣做。事實上，她就讀孟買最好的學校，一直表現得很優秀。她擁有非常正面的態度，而且從很小的時候開始，她反而因為自己的不一樣而感覺到有股奇妙的動力。朵喜認為自己是正常人，只是過著很不尋常的生活。

朵喜打從心底認為天下無難事，也一次又一次證明了這點。她獨自來到加州讀研究所。初抵加州時，除了文化差異和她自己生理方面的限制，她一個人都不認識。印度的許多朋友勸她留在家鄉，說她在印度生活會輕鬆多了，但她堅持己見。她剛抵達史丹佛大學時，公寓提供她的唯一便利設施是一個小小的踏腳凳，讓她能搆得著廚房的爐子。她每天都得想出巧妙的方法來克服身體方面的所有障礙。

我問朵喜需要面對哪些問題的時候，她卻想了很久都想不出來。她根本不認為有什麼問題。我再次逼問，她才提起很難找到願意收她當學生的駕駛訓練班。多年來，她都是搭乘朋友的便車或是大眾交通工具，現在她決定學開車，並買了一套踏板延長器，以便踩得到油門和剎車的踏板。她打了十幾通電話，終於找到一個駕駛訓練班願意讓她去學習。

最令人佩服的是，無論你請朵喜做什麼事，她交出的成果總是超過一百分。她有什麼遺憾嗎？其實她希望自己年輕時嘗試更多冒險的事。即使克服了這麼多困難，朵喜依然認為自己挑選的是安全的道路。她深深認為，人生沒辦法彩排，你只有一次機會端出最好的表現。令人難過的是，由於手術造成的併發症，朵喜在二〇一九年初過世了。她的過往故事永遠留存，成為最好的提醒，永遠不要錯失能夠大放異彩的機會。

與其想要嘗試，不如放手去做

想要大放異彩，就表示你要下定決心，超越原本的期望。這樣做可以得到巨大的好處。從反面來看，如果你沒有像預期中花費那麼多力氣，那麼把所有錯失的機會全部加起來，就會得到一筆龐大的赤字。

我與史蒂夫．蓋瑞提（Steve Garrity）討論這項觀察，他以前是我們的學生，後來是成功的創業家。他再同意不過了。事實上，他分享自己如何與工作團隊溝通這樣的概念。蓋瑞提告訴他的同事，每一天他們每個人都做了很多小小的選擇。如果做了聰明的選擇，就像是把錢存進一個投資帳戶；把這些小小改變所產生的效果全部結合起來，隨著時間的累積就會產生極大的成果。[46]

想想看以下的差異：有一個人只把自己分配到的工作做好，另一個人則是每天讓工作只進步百分之一就好。如果把你的工作價值設定為一．〇，你做的也只是這樣而已，那麼：

1.0×1.0×1.0...（365次）= 1.0

你沒有任何改變。

如果你每天只進步百分之一，那麼：

1.01×1.01×1.01…（365次）= 37.78

哇！

剛開始，百分之一的改進其實感覺不出來。七天後，結果也只有一點零七。這樣的改進模式要到七十天後才變得顯著（大約兩個多月），進步了兩倍。而到了七百天後（將近兩年），則比剛開始的時候進步了一千多倍。

另一方面，如果你每天退步百分之一，到了年底時，結果變成很小的零點零二。因此在一年之內，一個人進步百分之一和退步百分之一的差異，高達將近兩千倍！

我們人生的各個方面都是如此。凱文·魏爾（Kevin Weil）是Instagram的前任產品主管，他提供了很類似的經驗。他是超級馬拉松的跑者，表示他經常一次就跑八十公

46 有關蓋瑞提的影片，請參 QRCode 30。

QRCode 30

里。我問他，他的跑步經驗對他的工作有什麼影響，他仔細想了想表示，跑完一個星期的訓練課程之後，即使每天都進步一點點，還是很難看出他的速度有任何顯著的改善。然而經過一年後，他的表現顯然有大幅的進步。他把這個狀況應用於工作，知道每一天只要敦促自己有一點點的進展，長期來說就得到很顯著的結果。基本上，你的人生有什麼收穫，就看你付出了什麼，最後的結果便是每日成果的累積。[47]

別為自己找藉口

博納德．羅斯（Bernard Roth）是史丹佛大學機械工程學教授，他在「設計學院」用一個發人深省的練習來突顯他的觀點。他挑選一名學生站在教室前面，然後說：「試試看把這個空水瓶從我手上拿走。」羅斯握緊瓶子，學生試了一下，必然失敗了。接著羅斯稍微改變說法：「把水瓶從我手上拿走。」於是學生更努力嘗試，通常還是沒有結果。羅斯進一步刺激學生，堅持學生一定要把瓶子從他手上拿走。通常到了第三次嘗試，學生就成功了。這帶來什麼教訓呢？「嘗試」做某件事和「實際」做某件事之間有很大的差別。我們常說自己嘗試去做某件事：嘗試減肥、嘗試多做運動、嘗試找工作。但事實上，我們有些人做了，有些人根本沒做。「嘗試去做」其實是逃避之詞。你必須集中意志，以至少百分之百的付出讓那件事發生。如果沒有達到目標，唯一能怪罪的人就是你自己。如同著名電影《星際大戰五部曲：帝國大反擊》（*Star Wars: The Empire Strikes Back*）片中尤達大師所說：「去做。不然就是沒做。沒有什麼試試看。」

羅斯也告訴學生，藉口都與事實不相干，或者用專有名詞來說，藉口是屁話。我們用藉口來掩蓋沒有付出努力、履行諾言的事實。這個教訓適用於人生的所有層面。你沒有藉口來解釋遲到、不交作業、考試沒考好、沒有花時間陪伴家人、沒有打電話給你的女朋友等等。你可以編出其他人能接受的藉口，例如工作太忙或生病之類，然而如果真心想要履行諾言，你一定會設法辦到。

這些話聽起來非常刺耳，因為我們全都很習慣編造和聆聽各種藉口。羅斯也知道，編造藉口，或者為了無法履行承諾而提出一些理由，人們往往會接受，因為聽起來「有道理」。但即使你覺得對別人編出一些藉口是不得已的，卻不該對你自己找藉口。你需要面對一個事實：如果真的想要完成某件事，只看你自己想不想完成。把它列為最高優先事項，不然就乾脆刪除。

47 有關魏爾的影片，請參 QRCode 31。

QRCode 31

為了充分說明這個觀點，羅斯請學生寫下他們的最大目標，然後列出令他們無法達成目標的每一個障礙。學生通常花幾分鐘列出所有障礙。然後羅斯向學生提出質疑，讓他們看清楚，唯一應該列出的項目是自己的名字。我們沒有達成目標時總是找藉口，怪罪別人或外在因素造成阻礙，害我們無法達成目標。再重申一次，達成目標從頭到尾都是你的責任。上述的練習，以及它們所傳達的教訓，全都強化一個觀念：我們每個人最終都要為自己的人生負起責任。若沒有盡最大的努力，就沒有任何藉口可以拿來解釋。

特別的第一天

這點不只對個人有用，對組織來說也同樣正確。奇普・希思（Chip Heath）和丹・希思（Dan Heath）在他們所著的《關鍵時刻》（*The Power of Moments*）書中深入描述這點。我有個機會訪談奇普，作為我們「創業思維領袖」系列課程的內容；在訪談中，他分享一些例子，談到一些公司創造出很棒的經驗。它們的組織架構能夠說明，我們努力工作、陪伴家人、出門度假所表現的一些轉變，如果強化了提升、榮耀、洞察、與別人建立連結等關鍵時刻，就會產生巨大的影響。我很喜歡的一個例子是製造牽引機的強鹿公司（John Deere），他們針對到職的第一天做了特別的設計，希望讓這一天成為新進員工感到極有意義的關鍵時刻。

奇普說，新工作的第一天通常包括以下場景：你現身報到，接待櫃檯的人真的很高興看到你，不過以為你要到下星期才會來報到。你的電腦螢幕放好了，但主機沒有連接好。你預定要見面的人遲到了，他們就塞給你一本員工手冊，是這個小隔間的前一位主人留下的，叫你自己先翻閱。於是，你整個早上閱讀費用報銷條款和各種其他的技術細節。最後，快到午餐時間時，有人很同情你，便帶你匆匆環繞辦公室一圈，見到二十三位準備去開會但已經遲到的人，因此你覺得很不好意思打擾到他們。這絕對不是上班第一天的最佳經驗。

這聽起來很熟悉嗎？他繼續描述強鹿公司如何處理這些狀況。首先，他們為每位新進員工安排一位互傳簡訊的夥伴，協助他們解決所有的需求，包括找到某個場所，乃至於第一天上班要穿什麼服裝。等到新進員工第一天報到時，有人會準備他們最喜歡的飲料，也許是一罐汽水或低脂拿鐵。接待區的螢幕顯示出新進員工的名字，歡迎他們第一天來公司上班。除此之外，他們的工作隔間掛了歡迎布條，讓同一組的其他人知道今天有新人來報到，於是有空時可以停下來打招呼。他們桌上的電腦設定好了，信箱裡的第一封電子郵件是公司的執行長寄來的。他分享公司一百七十五年的歷史，公司的使命是要協助這個世界生產出更多食物、建造出更多遮風避雨的地方。他表示：「歡迎來到你所做過最重要的工作，我們希望你會與強鹿公司共度一段漫長的歷史。」[48]

這樣的經驗不斷延續，包括與同事一起吃午餐，以及拿到模型牽引機當做小禮物。這一天結束時，新進員工既高興又得意，知道自己要做的工作很重要，而且覺得與即將共事的同事建立了感情。沒錯，強鹿公司這樣做要花腦筋和力氣，但會收到很大的回報。我們每個人都可以花時間想一些方法，讓自己所做事情的每一方面都做得很棒，超越期待。

要競爭，還是合作？

讓自己大放異彩，也會改變你與其他人的相處方式。大家往往認為，成功的人有強烈的競爭心態，而且犧牲別人來達成自己的目標。但實情不見得如此。競爭心態和發奮努力之間是很不一樣的。喜歡競爭表示這是個零和遊戲，你的成功是以別人為代價；發奮努力則是付出自己的熱情，奮力實現目標。

我設計了一個練習來突顯以下觀點：若要成功創業，通常是發奮努力比競爭心態更有效。做這個練習時，我把所有人分成六個小組，然後打開五盒完整的拼圖，每盒拼圖都有一百片。[49]參與者可以盯著拼圖看一分鐘左右，然後我把五盒拼圖全部倒進枕頭套裡，混合在一起；不過我拿走其中幾片偷偷藏起來，晚一點再拿來拍賣。接著把拼圖片隨意分給六個小組，並發給每一組二十個籌碼當做貨幣使用。這些小組要負責在一小時內完成拼圖，時間一到就會計算分數。每一組要計算完成的最大塊完整拼圖裡包含多少小片，每一小片可得一分，然後計算其他較小塊的拼圖裡包含多少小片，每一片得到〇・五分。能在一小時內拼出完整拼圖的小組，則得到二十五分的額外獎勵。

由於我們有六個小組，卻只有五份拼圖，因此參與者必須下定決心，如果想要蒐集到需要的拼圖片，他們究竟是要採取競爭方式、合作方式，還是雙管齊下。這種情況的意思是要模擬現實世界：參與者知道，要完成任務的所有拼圖片都在這裡，但沒有一組掌握所有的拼圖片，各組必須設法獲得自己所需的資源才能成功。除此之外，由於每一組都沒有足夠的拼圖片，有些小組必須想出替代方案來創造價值。在現實世界裡，一種生態系包含許多不同的角色。而且世界並不是靜止不動。遊戲開始後，每隔十分鐘左右，我會突然出招，例如我出售完整拼圖的照片，或請每一組派出一位組員帶著幾片拼

48 引自奇普・希思的談話，〈精心設計的到職第一天〉（A Well-Designed First Day），收錄在「創業思維領袖」系列講座，二〇一八年五月七日，請參 QRCode 32。

49 作者希莉格在一支短片裡簡述這個解題練習，〈解題計畫：創業的模擬〉（The Puzzle Project: Entrepreneurship Simulation），二〇〇六年九月二十一日，請參 QRCode 33。

QRCode 33　QRCode 32

圖到其他小組，或者把事先偷藏的拼圖片拿出來拍賣。面對不斷變動的環境，他們同時需要創意和彈性。

為了成功達到目標，所有小組必須通力合作。他們一開始彼此交換拼圖片，想辦法在不必放棄太多資源的情況下，為自己創造最大的利益。在不斷變動的環境中，這需要以行動達成平衡的策略，並弄清楚組員之間如何分工，以及如何在競爭和合作之間有所取捨。既然大家知道拼圖的數目少於小組的數目，所以至少有一組必須決定不要完成拼圖，而是扮演不同的角色。有時候某一組選擇打散加入其他小組；有時候兩、三個小組自動合併一起。其他時候某一組可能扮演仲介的角色，向其他小組買進和賣出拼圖片。而有時候所有小組合併成一個大團隊，大家一起拼組所有的拼圖。我很喜歡和比較大的團體做這個練習，因為我可以把他們分成兩、三種生態系，每個生態系都有六個小組和五幅拼圖。這樣一來，他們會平行發展出不同的策略，結束後可以做一些有趣的比較。

最糟糕的結果是，所有的小組都決定彼此競爭。他們緊抓住拼圖片不放，拒絕和其他小組交換。這些團隊把全副心思放在獲勝，結果全都成了輸家。有些小組承認，他們知道大家合作會讓結果比較好，但仍決定彼此競爭。

競爭如此深植於我們的文化中，變成了本能反應。此外，那些努力想讓其他隊伍輸掉的小組，最後自己變成輸家。比方說，我第一次玩這個模擬遊戲時，有個小組決定緊抓住其他小組需要的幾塊拼圖片不放。等到一個小時快結束時，他們才打算賣給其他小組，但事與願違。結果時間一到，那些小組花了太多時間彼此競爭，距離完成拼圖還有一大段距離。這表示最後的那些拼圖片沒有提供任何額外的價值。

這個練習是很好的提醒：環境中資源有限時，比起純粹的競爭，發奮努力讓自己和其他人都成功，通常是比較有成效的策略。這樣做的人，能讓其他人提供的才能和工具發揮得更有成效，於是能喜迎雙贏的局面。這種狀況在運動界和商業界也都能看到，一般認為這兩個領域是純粹競爭的環境。例如在環法自行車賽的二十一天競賽中，彼此競爭的車手在賽程中合作，以便讓每個人都成功。他們很清楚，為了以後能拿到職業贊助繼續比賽，車手需要在比賽中贏得至少單站冠軍。因此，他們在賽程中讓不同車手輪流獲勝，使大家都能得到繼續比賽所需的保證。同樣的，許多相互競爭的公司也大力擁抱「合作」的觀念，找出有創意的合作方式，發揮每個企業的長處，創造出多贏的局面。

諾斯壯的倒立金字塔

談到要表現精彩，許多公司都挑選自己真的能夠大放異彩的領域。汽車公司ＢＭＷ專注於頂尖的工程技術，沃爾瑪（Walmart）量販店承諾最低的價格，迪士尼樂園努力成為地球上最快樂的地方，諾斯壯百貨（Nordstrom）致力提供世界級的顧客經驗。如果你問諾斯壯的熟客對這家百貨公司的觀感，大多數人至少會告訴你一個故事，描述他們得到的絕佳服務。

我有機會見到諾斯壯三兄弟之中的兩位，艾瑞克（Erik）和布雷克（Blake），了解到他們如何把「顧客至上」的價值觀灌輸給員工。令人訝異的是，諾斯壯提供給顧客的絕佳經驗並沒有特殊的規定或祕訣。基本上，銷售店員只經過簡短的新人訓練後就得扛起責任，運用自己的最佳判斷來解決眼前的問題，而公司授權他們站在顧客的立場來做決定。由於每位店員各有不同的判斷，他們會以獨特的方式來應對顧客，因此面對類似的挑戰會出現各式各樣的因應方式。諾斯壯也有一種說故事的文化，因此服務顧客的好故事就成為寶貴的課程和靈感的來源。諾斯壯授權員工以創新的方式解決問題，也給予他們犯錯的自由度。布雷克和艾瑞克都指出，如果是為了努力服務顧客而犯錯，很快就會獲得原諒，於是同樣的錯誤很少重複出現。

在諾斯壯百貨，所有的獎勵措施都是為了創造美好的顧客經驗。每一位經理努力促使自己的團隊成功，而所有的員工都視顧客為最高層的「老闆」。公司的高階主管，包括諾斯壯三兄弟，有一半的時間花在巡視分店；他們在各個樓層走動，與顧客互動，與店員談話。三兄弟非常熟悉這樣的環境，他們剛創業時都在諾斯壯的倉庫工作過，銷售鞋類、管理鞋類部門、擔任採購人員、管理分店，然後擔任地區經理。領導這家數十億美元身價的公司，他們永遠在尋找方法以求變得更好。他們懷抱著謙虛的態度，仔細觀察和聆聽，然後根據蒐集到的資訊，帶著自信和信念採取行動。他們致力於持續提升顧客的滿意度，讓顧客輕而易舉就能聯絡到他們三個人。他們永遠都親自接聽電話、閱讀電子郵件，也親自回信。

顧客至上的觀念如此深植於諾斯壯的企業文化中，諾斯壯兄弟形容整個組織是倒過來的金字塔，顧客在最頂層，高階主管在最底層。員工在公司內部升遷時，其實位階是往下降。金字塔底部並沒有執行長，三兄弟組成一支密切合作的團隊，各自發揮所長。他們對公司有共同的願景，同心協力，合作無間。

關於諾斯壯的顧客服務，我最喜歡的故事是一位顧客詢問男裝部，想要買兩件藍色的正裝襯衫，白色的領子要有領釦。店員幫他找了半天，發現店裡缺貨，諾斯壯的其他分店也沒有存貨。但店員沒有對顧客說他們無法滿足他的需求，而是帶著兩件白襯衫和兩件藍襯衫去找店裡的裁縫師，請他把領子對調，這樣一來就有兩件白領藍襯衫和兩件藍領白襯衫。她把藍襯衫拿給顧客，並且告訴他，如果他想買藍領的白襯衫，現在店裡也有貨！

我和布雷克和艾瑞克碰面時，他們兩人都指出，服務每一位顧客的每一次經驗，都像是一次全新的揮棒打擊機會。每次互動都是一次新的機會，能讓顧客得到絕佳的購物經驗，也能增加店員的信譽。即使這次的服務沒能產生特定的銷售業績，但投入的心血終究會得到回報。

想要大放異彩有很多不同的方式，但一切都是從破除自我設限、願意發揮真正的潛能開始。這表示要超越最低的期望，認定你最終要為自己的行動和結果負起全責。每天只要改進百分之一，就會產生龐大的正面結果。人生不是一場彩排，你永遠不會有第二次機會來展現自己最好的一面。

12

擁抱不確定的未來

三十歲、四十歲甚至五十歲都應該懂的事

人生的每個轉彎處都有不確定性，
它是人生的基本要素，是點燃創新的火種，
也是驅動我們向前進的動力引擎！
真希望曾經有人告訴我，
不妨欣然接受這種不確定的感受。

我必須坦白說，我大可把前面幾章的標題都寫成「發給自己許可證」，意思是說，允許自己挑戰既定的假設，允許自己以全新的眼光看世界，允許自己動手做實驗、體驗失敗、規畫要走的路、測試能力的極限等。事實上，這正是我希望自己二十歲就知道的事，還有三十歲、四十歲，乃至於六十歲，我都需要一再自我提醒。

固守傳統的思考方式、排斥可能的替代方案，實在是太容易了。對大多數人來說，周遭有太多人鼓勵我們留在預先規畫好的路徑上，把顏色塗在框框裡，跟著過去遵循的方向繼續前進。他們覺得這樣很安心，對你而言可能也是如此。這樣能強化原先做的選擇，提供了很容易依循的配方，但也會產生很大的侷限。

如果你依循別人的路徑，別人不只覺得很安心，有時候更是很放心，因為你沒有勝過他們。拉丁美洲有個名詞翻為「扯外套的人」，用來描述有些人為了防止別人爬得比他們高，會設法把別人拉下來（想必是扯他的外套後襬）。還有其他地方的人也有「高罌粟花症候群」（tall poppy syndrome）的說法，即鶴立雞群的人往往備受批評奚落，就好像長得最高的罌粟花會遭到修剪。從眾隨俗才是常態，跑太快的人就要冒著被旁人拉回的風險。更糟糕的是，世界上有很多地區會把與眾不同的人視為罪犯。例如在巴西，傳統上用來描述企業家的字眼「empresário」，廣義來說還有「小偷」的意思。巴西的歷史上沒有很多成功企業家的典範，如果你成功打破正常模式，大家會假定你做了非法勾當。

這正是前面提過的「奮進」組織碰到的重大問題，這個非營利組織的宗旨是提升開發中國家的創業精神。「奮進」組織在拉丁美洲設立時告訴當地人，他們想要激發創業精神，結果碰到很大的阻力。他們的因應之道是創造一個新字「emprendedor」，以傳達創新和創業精神的真正本質。經過多年努力後，「emprendedor」終於成為通用的辭彙。「奮進」組織在埃及也面臨類似的挑戰，他們需要創造一個代表「企業家」的新辭彙，繼續推廣新觀念。

開放式的創造性思考

我們在史丹佛的課程裡，很多內容都著重於允許學生打破傳統的思考方式，挑戰既定的假設，讓想像力延伸出去。我和同事在課堂上出的作業，大多需要學生跨出舒適圈，重新投身於周遭世界。我們這些教授提出挑戰，但手上並沒有答案。

除此之外，在史丹佛的設計學院裡，我們的教室空間設計成像是邀請學生做各種實驗。所有的家具都裝上輪子，很容易四處移動，創造出不同的工作空間。每次學生來上課，教室空間都出現不同的配置。一箱箱的紙張、木頭、塑膠、迴紋針、橡皮筋、彩色筆、菸斗通條和膠帶等物件，在在鼓勵他們做出想法的原型，實現自己的點子。教室裡塞滿了可移動的白板，上面貼了各色的便利貼紙，方便大家腦力激盪。牆上貼滿過去學生的照片和作品，激發大家的創意思考。

我們給學生出的題目都是開放式的實際挑戰。比方說，我們要求他們思考如何讓校園內騎單車更安全，或者設法吸引小孩子吃比較健康的食物。除了這些在地化的專題，設計學院有一門課叫「絕對負擔得起的設計」，學生要與開發中國家的夥伴合作，找出當地面臨的問題，然後決定如何用符合成本效益的方法來解決問題。這項計畫已產生很多有意思的產品，目前在市面上找得到。例如有個小組設計了新型的嬰兒保溫箱，取名為「擁抱」（Embrace），起因是他們造訪尼泊爾的醫院後，發現原價兩萬美元的傳統西式嬰兒保溫箱不太適合當地環境。許多保溫箱都已損壞，或需要的零件無法取得，護士也看不懂外文撰寫的操作說明和警告標籤。最重要的是，大多數嬰兒都在偏遠鄉村出生，但只有都市的醫院才有嬰兒保溫箱，因此需要用到保溫箱的早產兒幾乎得不到他們所需的幫助。

這個小組看出當地需要的是價格低廉、技術層次低的保溫箱，可以在醫院外面使用。於是在修課的幾個月期間，他們設計了小小的睡袋，內袋裝入一種特殊的蠟，這種蠟的熔點是攝氏三十七度，正是要替新生兒保暖的溫度。[50]只要花二十美元，而不是兩萬美元，尼泊爾的父母或診所可以就地、搭車或在家照顧早產兒。他們取出內袋，放入熱水中使蠟熔化，然後把內袋放進保溫的睡袋裡，就可以保暖好幾個小時。等到蠟冷卻了，很容易就可以再次加熱變暖。這種設計不需要任何技術訓練，也毋需仰賴電力，而且價格非常便宜，可以配置在醫療資源不足的社區裡，不需要去城市的醫院。

學生上完這堂課都有徹底的改變。他們有了新的體悟，知道密切注意周遭世界發生的問題可以產生多大的力量，也得知自己有能力解決問題。如同設計學院的創辦院長大衛・凱利所說：「他們離開時，帶著很有創造力的自信。」[51]他們知道自己拿到許可證（是實際也是比喻），允許自己動手做實驗、體驗失敗和再次嘗試。所有人都必須了解，我們每一個人都有同樣的許可證，只不過需要清楚知道：那個許可證是由我們發給自己，而不是由外界提供給我們。

由自己決定看待世界的方式

記住以下這點很重要：每個人都要負責打造自己個人的故事，並且了解自己的故事

50 欲知更多資訊，請參 QRCode 34。
51 有關凱利的影片，請參 QRCode 35。

QRCode 35　QRCode 34

可以賦予我們力量，也能限制我們。我是透過一種意想不到的方式領悟這一點。幾年前，我修了一門創意寫作課程，教授要求我們針對同一個情景描述兩次，第一次是從剛墜入愛河的人為出發點，第二次則是從剛在戰爭中失去孩子的人為出發點。我們不能提到墜入愛河或戰爭。這個簡單的作業顯示出內心的情緒狀態不同時，看到的世界有多麼不一樣。我先想像自己滿心歡喜，步行穿越人潮洶湧的城市，這時我的心思注意著周遭的色彩和聲音，視野非常廣泛。如果我心情沮喪，緩步穿越類似的場景，周遭的一切看起來會是灰撲撲的，映入眼簾的盡是周遭的不完美，例如人行道上的裂縫。我一直低頭看著自己的腳尖，城市似乎令人卻步，而不是令人躍躍欲試。我找出為了那份作業所寫的文字：

莎拉俯身欣賞自己剛買的桃紅色玫瑰花。隔壁的麵包店傳來新鮮麵包的誘人香氣，她的心思也從花朵隨之飄蕩。門口旁邊站著一位業餘的雜耍藝人，色彩鮮豔的戲服吸引一群小孩旁觀，每回他一失手，就惹得孩子們咯咯大笑。她觀賞了幾分鐘，發現自己也跟著傻笑。結束表演時，他以誇張的動作對莎拉一鞠躬。她也深深鞠躬回禮，並送他一朵玫瑰花。

喬伊低著頭走路，躲避冰冷的霧氣，而寒風將報紙吹得劈啪翻飛，打到建築物牆壁後再度飛起。「踩到裂縫，你媽媽閃了背。踩到繩線，你媽媽斷脊椎。」喬伊每跨過一條裂縫，看著裂縫破壞人行道的規律圖案，他的腦子裡一直出現這些字眼。他專心走在凹凸不平的街道上，隨著街道往前方延伸而去，小時候的嘻笑童謠一直在他腦袋深處嗡嗡作響。

這份作業之所以寶貴，不只是磨練我的寫作技巧，也對人生做了普遍又深刻的提醒，即我們自己選擇了看待世界的方式。我們的周遭環境充滿了鮮花和裂痕，每個人決定自己要擁抱哪一面。我們的感知成為我們的現實。

我最近有機會去墨西哥的下加利福尼亞半島參加「現代老齡學院」（Modern Elder Academy），經營者是旅館企業家奇普・康利（Chip Conley）。這個計畫的目標是要提供一個架構，讓我們重新思考自己晚年在這個世界上扮演的角色。有個反覆提及的詞彙是「閾限狀態」（liminal state），意思是門檻，你會在兩個角色之間轉變，很像毛毛蟲變成蝴蝶。我們得知，毛毛蟲在繭中其實變成湯湯水水的樣子，只有幾個「成蟲盤」

（imaginal disc）保持完整。基本上，毛毛蟲以前的部分只保留核心，然後將所有原本的物質回收利用，重新塑造自己的模樣。

那個星期的體驗經過設計，協助每個人把不再有用的事物都拋棄掉，然後把有用的事物建立起來。體驗是以團體方式進行，在緊湊的時間內，我們見證了每一個人的「閾限狀態」。看著所有的轉變，不僅令人著迷也很有啟發性，有些轉變顯然非常困難。我真希望當時拍了整個小組轉變前和轉變後的照片，因為內在的變化也搭配了非常戲劇化的外在轉變，每個人都顯現成他們想要變成的樣子。在那裡的時候，我寫了幾首詩，想要捕捉當時的體驗。以下這首詩想要講的是，從不同人的眼光看來，像沙子一樣簡單的事物也能顯得非常不一樣。

沙子

破敗，破損，破碎
飄乾，飄飛，飄散
踩踏，踩髒，踩爛
飛謝，飛散，飛遙

細碎，細柔，細引
落下，落定，落香
重思，重韻，重置
平集，平靜，平齊

認識你的心魔

我們聽了其他人述說的很多故事，也聽了我們向自己述說的很多故事，這些故事造成很深的影響，塑造了我們看待未來的可能方向。事實上，我們不只受到自己個人經驗的影響，也受到祖先經驗的影響，例如納粹大屠殺倖存者、美洲印第安人和非裔美國人奴隸的後代所承受的跨世代創傷，以及曾經過著極度貧窮或匱乏生活的人。我們多數人都聽過以前好幾代祖先的故事，傳達了清楚明確的教訓。此外，父母和祖父母的過往經驗也會影響我們對待自己後代的方法。有時候這些故事和教訓是寶貴的資產，有時候則把沉重的壓力轉移給下一代。

為了寫出你自己的故事，你需要了解自己是誰、目前身處的位置、你如何走到這一步、你的強項和弱點，還有你想要往何處去。你需要了解有什麼事情對你造成阻礙，什壓力量推著你向前走，以及你在人生旅途上帶著什麼樣的事物。你需要解讀別人對你過往的分析，以及你對自己未來的期望。

我最近參與一場活動，有很多小孩子參加，年齡介於六個月到六歲之間。看到他們彼此之間有那麼大的差異實在令人著迷。有些孩子笑口常開，有些眼神憂愁，有些老是看起來很傷心，有些總是蹦蹦跳跳什麼都想參與，有些則躲在後面，從場地外面小心翼翼地觀察情況。顯然從這麼小的年紀，他們對於在世界上所處的位置就已有自己的故事，包括能夠述說的和無法言傳的。他們每個人的故事，看來早在出生之前就開始了。

希爾札德·查敏（Shirzad Chamine）在這方面很有貢獻，他整理了各式各樣自我剖析的故事，並分析這些故事對我們有何幫助或妨礙。在他所寫的《PQ·正向智商》（*Positive Intelligence*）書中描述十種不同的「心魔」（saboteur），同時也有「心聖」（sage），塑造出我們立足於世界的方法。心魔包括批判魔、固執魔、討好魔、戒慎魔、勞碌魔、控制魔、避苦魔、求勝魔、自憐魔和理智魔。[52]了解腦中的這些聲音如何影響我們對每一種情況的看法，就能提供指引，讓我們知道如何壓制這些聲音。

我身為戒慎魔，非常了解那樣的聲音。那種聲音總是告訴我事情有可能出錯，危險就在前方。如同查敏所說：「持續的焦慮消耗掉一大堆生命能量，其實那些能量大可拿來好好運用。」身為戒慎魔，固然在一些情況下很有幫助，不過戒慎之心一旦打入高速檔，就會適得其反而毫無幫助。

查敏所描述的其他心魔也全都是如此。舉例來說，避苦魔拚命想要避開衝突，對自己不該答應的每一件事都說「好」，結果低估了真實的問題。求勝魔非常在意別人怎麼看待他們，結果導致了「無法維持的工作狂傾向」。還有，控制魔很需要覺得自己掌控著情況，而且經常催促別人離開舒適圈。

查敏來到我們的創造力課堂，與學生一起進行一項練習，讓他們了解如何認識自己的心魔，以及如何透過練習來轉移注意力，從而讓那些聲音平靜下來。最重要的是，學生得知所有人都有這樣的聲音而鬆口氣，也學習了解他們小組成員的心魔。這樣有助於學生理解其他人的行為模式，讓他們得到工具，能夠用比較有效率的方法彼此合作，例如看到某種心魔出現時能夠辨認出來。

同樣的地位不等於同樣的處境

基本上，我們能達成什麼目標，會受到身處的環境和自己所持態度所影響。比方

52欲知更多資訊，請參 QRCode 36。

QRCode 36

說，來看看以下四個背景完全不同且一無所有的人，想想看他們會與周遭環境有什麼樣的互動：

- 有個人始終一無所有。
- 有個人在安逸的環境中長大，但後來失去一切。
- 有個人剛開始一無所有，後來建立了舒適的生活，但最後失去一切。
- 有個人在優渥環境中長大，目前一無所有，但他知道以後會有優渥的生活。

目前他們全都身處於同樣的處境，就是一無所有，但每個人是從非常不一樣的經驗來到這個處境，結果他們看到和掌握的機會也非常不一樣。哪個人會比較勇於冒險？哪個人會因為害怕失敗而裹足不前？哪個人會看到一些機會是別人看不出來的？還有哪個人會渴望做出一番大事？這顯然要看他們如何對自己描述目前的情況，也要看他們對於未來有什麼樣的觀點。

就外面的人看起來，四個人目前的地位可能是一樣的，然而過去的種種經驗，會影響他們對於眼前各種可能性的看法。幾年前，我透過一種很有效的方式體驗到這一點。我帶十五位史丹佛學生前往南非待了兩星期，想要了解這個開發中經濟體的創新之處。

在那趟行程之前，我們幾乎沒有相處過，而大家都在同一天抵達約翰尼斯堡。雖然所有人都是史丹佛的學生，但過去的經驗顯然對於他們如何體驗這個國家產生巨大的影響。

有些學生以前去過很多地方旅行，其他人則沒有。有些人來自富裕的家庭，其他人的家裡則不是很有錢。他們也在全世界不同地方長大，從加州到牙買加到黎巴嫩都有，因此他們每一個人是用不同的眼光來看待南非這個有著複雜歷史的複雜地方。坦白說，我對此並沒有心理準備。我誤以為大家會有一次共同的體驗，但每個人的體驗都是獨特的，會根據我們過去的經驗而來。經過初期一些棘手的誤解後，最終產生一些內容非常豐富的討論，每個人都說出自己對這個國家的體驗。這件事一直提醒我，身處於同樣的「地位」，並不表示我們真的處於同樣的「處境」。

你的「地位」指的是這個世界如何看待你，而你的「處境」則是你如何看待生活在這世上的自己。這兩件事很少是一樣的，而隨著年紀漸長，差別往往變得更大，畢竟很少人能夠把「你今天成為什麼樣的人」的所有影響因素看得很清楚。比方說，如果你今天與佩姬．柏克（Peggy Burke）見面，你會看到一位成功的企業家，她經營一家品牌很出名的公司。你看到她所有的成就，在過去三十年來建立這家公司，而且很可能對各種事情設想周到，一路走到她現在的地位。你不會知道建立這家公司要付出多少心血，多年來這家公司面臨了多少次瀕臨倒閉的經驗，以及柏克小時候父親做生意失敗，一天到晚面臨財務不穩定的狀況，導致她的九位兄弟姊妹過得很辛苦。

她小時候失去一切的往事，深深埋藏在柏克的自我剖析裡，也激勵她每一天都非常賣力工作。她從來不曾把成功視為理所當然，因此很努力確定自己的事業建立在強健的基礎上。每個人見到柏克，全都無法看出背後有這樣的故事。他們見到的是一位正面、自信和大器的領導者。別人眼中她在這世上的「地位」，其實與她眼中自己在這世上的「處境」非常不一樣。這個故事提醒我們，只看你的起跑點，其實無法準確預測最後會達到什麼樣的成就。有些人的生涯初期就擁有一切，而且恣意揮霍那些資源。至於剛開始一無所有的人，則會努力從一無所有開創出一番局面。

失敗是學習的必經過程

我拿這本書提到的幾個故事與父親分享，於是他決定要花點時間回顧自己九十二載的人生，回想一些最重要的領悟。父親目前的生活很安穩，但他的人生道路絕非天生注定。他是在八歲時移民到美國。他的家人在一九三〇年代逃離德國，抵達美國時可說是一無所有。我父親一句英文都不會說，而他的父母沒有足夠的錢養活兩個小孩，便把他送去親戚家住，但他沒辦法和親戚溝通；等到父母能夠養家活口，才把他接回家住。出身於這樣的貧寒環境，我父親仍建立了多采多姿的人生和工作生涯，退休時是一家大型跨國公司的執行副總裁兼營運長。

我父親回顧自己的一生，認為最重要的領悟是：你不應該把自己看得太重要，也不要太嚴苛地評斷別人。他希望過去能更包容自己和別人犯下的錯誤，也希望自己能了解失敗是學習的必經過程。他現在明白，我們犯下的錯誤多半不是什麼驚天動地的大錯誤，而他和我分享一個故事，讓他領悟到這點。

他工作初期待過美國無線電公司（RCA），是一家大型的美國電子公司，而他的小組負責的專案進行得很不順利。父親和同事連續幾天通宵達旦工作，試圖解決問題。連續幾個星期，他們滿腦子想的都是要找到解決方案。順利完成專案後不久，公司取消整個計畫。那個專案是他們人生的中心，對其他人來說卻是無足輕重的消耗品。他從很多次這類經驗學到：人生大多數的事情，尤其是我們的失敗，並沒有當時所想的嚴重。

父親也提醒我，成功的滋味固然甜美，但是很短暫。當你位高權重時，會享受到很多好處，然而一旦不在其位，所有的額外好處也消失殆盡。你的「權力」來自於你占據的職位，等到你不在其位，相關的一切也會快速褪去。因此，你不該用目前的地位來定義自己，也不該相信你對自己所有的評論。身處於聚光燈的焦點時，好好品嘗箇中滋味，但要有心理準備，等時間一到就要讓出中央舞台。你離開一份工作後，組織沒有你也會照常運作，你並非不可或缺。當然，你完成的所有成果都會留下來，但那些成果也將隨著時間而消逝。

如今，我父親也深刻意識到活著的喜悅。幾年前他心臟病發，體內安裝的除顫器時時提醒生命的脆弱。我們理智上知道每一天都很寶貴，但是隨著年紀漸長，或者面對威脅性命的疾病時，這樣的感受變得愈來愈明確。我父親努力工作，把握住每一次機會，對每一刻心存感激，每一天都不浪費。

「不確定」激發出各種機會

我尋找這本書的靈感時，曾經實際上和象徵性地打開我人生中的每一個抽屜，探索每一個櫥櫃。在這個過程中，我無意中找到保存了四十年的一只帆布袋。這個六十公分長的帆布袋，裝滿了當年我心目中很重要的「寶藏」。我二十歲的時候，這個帆布袋是我擁有的少數幾樣物品。從大學時代到研究所，到後來無論搬到什麼地方，我都帶著這只帆布袋。雖然很少打開，但我總是知道去哪裡把它找出來。帆布袋和裡面裝的東西，與我的過去形成實體的連結。

我打開帆布袋，找到以前從遙遠海邊蒐集回來的平凡石頭和貝殼、高中和大學時代照片已褪色的學生證、一疊舊信，以及我小時候的一些「發明」，包括用雕塑黏土和手錶電池做的ＬＥＤ珠寶原型。我還找到一本寫詩的小小筆記本，封面寫著「實驗假象」（Experimental Artifacts）。

當年念研究所時，我在神經科學實驗室裡做著井然有序的科學實驗，而我在筆記本裡寫下的這些詩，則是另眼看待那些實驗。其中一首叫〈熵〉（Entropy）的詩突然映入眼簾，這首詩企圖以幽默的方式看待我所面對的大量不確定感。我在一九八三年九月寫了這首詩，當時前途茫茫，無法清楚看出遙遠的未來會如何發展。雖然有出糗的危險，但我想要收錄這首詩，畢竟這本書的第一版發行之後，很多人都要求看看它：

熵

人生像一場遊戲，叫做熵，
目標是近乎瘋狂，
如果事情變得有點太易預測，
且人生似乎有太理性的危險，
玩家就必須要制訂策略行動，
否則情況會悲慘地恢復秩序，

你可小心隨意亂拋未竟之事，
於是乎跌跌撞撞且亂成一團，
或者邀請新玩家加入遊戲，
他們的規則必然不盡相同，
但面對長期的連貫與一致，
等到控制和秩序堅持浮現，
你必須發動全力攻擊，
以便存活下來恢復熵，
只有一件事可以確切防禦，
亦即抵抗再現性和顯著性，
那是我的祕訣且嚴密守護，
而你無緣能讓我推心置腹，
且讓你好好瞧瞧我的進展，
此熵之遊戲我肯定會贏！

三十五年後的現在，我把「不確定」當成一份禮物。我還是有很多時日不確定該走哪一條路，面對眼前的眾多選擇也覺得不知所措。但如今我明白，「不確定」打開了大門，通往各式各樣的可能性。

我們踏出校門時所面對的不確定，永遠也不會煙消雲散。人生的每個轉彎處都有不確定性，像是開始一份新工作、創辦一家新公司、展開一段新關係、生個小孩或退休。這些決定和行動，每一種都打開一扇門，通往相當大的不確定性……以及機會！「不確定」是人生的基本要素，是點燃創新的火種，也是驅動我們向前進的動力引擎。

希望這本書的故事能夠充分說明，如果能跨出你的舒適圈，願意失敗，能以健康的心態忽視所有認為「不可能」的想法，好好把握可以大放異彩的每一個機會，就會帶來無窮的可能性。沒錯，這些行動會讓你的生活變得很混亂，讓你失去平衡，但也會帶你走到從來沒想過的地方，讓你透過全新的眼光，把問題視為機會。最重要的是，你會因此愈來愈有自信，相信你面對的問題都是可以解決的。

我在三十五年前寫的詩，讓我猛然想起二十多歲當時面對未來的茫然感受，不知道下一個轉彎處會有什麼事情等在那裡。真希望當時曾經有人告訴我，不妨欣然接受這種不確定的感受。正如本書的很多故事告訴我們，最有趣的事情往往發生在你離開既定道路的時候，發生在你挑戰既定假設的時候，發生在你允許自己看到周遭世界有豐富機會和無窮可能性的時候！

寫給讀者的信

未來十年一定會發生很棒的事

非常感謝你花時間閱讀這本書。我希望這些文字會一直對你很有意義。

這一切的開端，是十四年前的一個構想所播下的種子，當時我兒子喬許快滿十六歲了。我突然想到，他再過兩年就要去上大學，我覺得自己太輕忽這件事。我們在學校教導年輕人學很多傳統的事物，雖然喬許都學到了，但我領悟到，我離家念大學和初出茅廬時學到的很多教訓，讓我的人生變得比較不那麼緊張，也比較充實。因此，我開始把一些事情列成清單；我知道，若要在世上找到自己的一席之地，這些事情非常重要。我把這個檔案儲存在電腦裡，只要又想到某個深刻的見解，就把它添加到清單上，於是清單變得愈來愈長。

開始列出清單的幾個月後，有人請我在史丹佛大學對一群參與企業領導計畫的學生發表演講，我決定從那張清單汲取靈感。我把演講題目訂為「真希望我二十歲就懂的事」，除了講述這樣的概念，還穿插一些短片，選自史丹佛講座系列所邀請的多位創業思維領袖。學生對於演講內容很有共鳴，因此過沒多久，我就獲邀到其他很多地方演講同樣的題目，剛開始是在校園，接著又遍及全美國和全世界。

受到這番熱烈迴響的鼓舞，有一次我去美國西點軍校對全校新生演講，搭飛機回家的路上，我寫了一份簡短的出書提案。我把提案交給一位同事的出版經紀人。他對提案不是很感興趣，建議我回頭重新規畫。由於感到很沮喪，加上忙著處理其他一大堆事，我沒有回頭修訂提案。那份出書提案的檔案靜靜躺在我的電腦裡。

整整兩年後，我從舊金山搭乘一班清晨的班機，準備去厄瓜多參加一場研討會。吃過早餐後，我開始和鄰座的男士聊天，他名叫馬克（Mark），是舊金山「HarperOne」出版社的發行人，到了即將下飛機時，我們發現彼此在教育和出版方面有不少共同的興趣。在飛行途中，我小小冒險一下，給他看那份出書提案，還好那份提案一直在我的電腦裡冬眠。馬克很有禮貌地稍微看過，對我說他沒有興趣。兩好球。即將下飛機時，我們交換聯絡方式，而我定期跟他聯絡，報告我課堂上的各種最新教案。

大概在我們碰面一年後，我把「創新大賽」的一些短片寄給馬克，就是本書第一章詳細描述的那些內容。他大感好奇，沒想到他希望與其中一組學生討論出書的機會。坦白說我有點傷心，他想和我的學生合作出書，而不是我。不過，我當然介紹他們見面。

馬克和他的同事來到學校，與那些學生碰面，但學生對於寫書不感興趣。他們正準備畢業，各奔東西。那次在學校裡，我認識了馬克團隊的一位資深編輯。午餐快吃完時，他建議我或許可以根據課堂上的教學內容寫一本書。我對他說，其實我已經有一份出書提案，於是我把以前給那位經紀人和他老闆看過的同一份檔案寄給他。

天大的好消息！過沒幾個星期，我就拿到一份出書合約。還有壞消息。我只有四個月的時間寫完這本書，這樣才來得及趕上畢業的時間。歷經六星期的各地出差和行程滿檔，我得藉助於所有能用的資源才能完成這項計畫。我每天早上寫作三小時，而那段期間我碰到的每一個人或每一件事，最終都寫進書裡。我像是一台吸塵器，吸進各式各樣的故事，以便強化書中的概念。最棒的是，這本書在喬許的二十歲生日那天正式發行，我很高興能把自己收到的第一本書親手交給他。

對我來說，我完成自己的任務了！

不過，令人驚訝的事情發生了。這本書大受歡迎，不只是美國，全世界亦然。各種不同年紀與文化的人們顯然都對書中傳達的訊息很有共鳴，包括日本、中國、韓國、泰國、土耳其、俄羅斯、巴西、以色列和德國。我開始收到這些國家的讀者寄來的信件，他們說非常渴望得到書中提到的觀念。每一個人都在書中找到不同的意義。有些人著重於從失敗中重新站起來的故事，另一些人對於挑戰既定假設的那些課程很有感，有些人看到別人能運用有限的資源達到出色的成果而深受啟發，還有一些人只是等待別人同意他們按照自己的道路往前走。希望這本書為你提供激勵的力量，驅策你朝向自己的下一個十年大步邁進。未來十年一定會發生很棒的事！

深深感激。

婷娜．希莉格

二〇一九年四月二十日

感謝詞

感謝很多人的協助，讓這本書能夠面世。最重要的是，我想要謝謝各位讀者。如果不是你們覺得最初的版本很有意義，我絕對沒有機會能為這本書製作十週年版本。我深深感激能有這樣的機會。

由於這兩個版本，我有幸學習到其他人向我分享的故事和課程等經驗，包括Lisa Benatar、Soujanya Bhumkar、Steve Blank、Teresa Briggs、Peggy Burke、Tom Byers）、Dana Calderwood、Stan Christensen、Sandra Cook、Michael Dearing、Ashwini Doshi、Debra Dunn、Alistair Fee、Nathan Furr、Steve Garrity、Linda Gass、Jeff Hawkins、John Hennessy、Quincy Jones III、Jeanie Kahwaj、Guy Kawasaki、Perry Klebahn、Randy Komisar、Chong Moon Lee、Fern Mandelbaum、Kevin McSpadden、Tricia Lee、Blake Nordstrom、Erik Nordstrom、Elisabeth Paté-Cornell、Jim Plummer、Bernard Roth、Heidi Roizen、Michael Rothenberg、David Rothkopf、Linda Rottenberg、Josh Schwarzepel、

Jerry Seelig、Jeff Seibert、Carla Shatz、John Stiggelbout、Carlos Vignolo、Quyen Vuong和Paul Yock。

我也想要感謝眾多深具創業精神的企業界領導人，感謝他們曾經來史丹佛，在我們的系列講座中分享經驗。我在「史丹佛科技創業計畫」的創業網站裡挖寶，汲取了下列講者傳授的課程：Carol Bartz、Pat Brown、Chip Heath、Mir Imran、Leila Janah、Steve Jurvetson、David Kelley、Vinod Khosla、Marissa Mayer、Josh McFarland、David Neeleman、Larry Page、Gil Penchina、Bonny Simi、Debbie Sterling、Kevin Weil和Anne Wojcicki。我也要感謝Steve Jobs二〇〇五年在史丹佛畢業典禮那場精采的演講內容。

我在「史丹佛科技創業計畫」和工學院的好同事對這本書有相當大的貢獻，居功厥偉。他們大大豐富了我的人生。首先，我要感謝Tom Byers在二十年前邀請我加入「史丹佛科技創業計畫」，與他一起工作。Tom一直是我的好榜樣、好同事和好朋友。如果沒有他的大力支持和引導，往後的這些年來我絕不可能擁有這麼多機會。

其次，我要感謝「史丹佛科技創業計畫」幾位優秀的同事，這些年來我受教良多，包括Ravi Balani、Steve Blank、Toby Corey、Lauren Crout、Chuck Eesley、Kathy Eisenhardt、Matt Harvey、Pam Hinds、Rebeca Hwang、Rachel Jalkowski、Riitta Katila、Harjoth Khara、Trevor Loy、Emily Ma、Fern Mandelbaum、Ann Miura-Ko、

Alberto Savoia、Danielle Steussy、Forrest Glick、Theresa Lina Stevens、Alli Rico、Nikki Salgado、Ryan Shiba、Robert Sutton和Victoria Woo、還有我在工學院的同事們，Nick Bambos、Margaret Brandeau、Laura Breyfogle、Jim Plummer和Jennifer Widom，他們讓史丹佛的工學院成為這麼棒的工作地點。特別要感謝「史丹佛科技創業計畫」的贊助者，有了他們的慷慨贊助，我們才能好好教育下一代的創業家。

這些年來，我想要對史丹佛大學哈索普拉特納設計學院的同事表達敬意，尤其想要感謝Banny Banerjee、Michael Barry、Dennis Boyle、Bruce Boyd、Charlotte Burgess Auburn、Carissa Carter、Maureen Carroll、Rich Cox Braden、Liz Gerber、Julian Gorodsky、Justin Ferrell、Aleta HayesNicole Kahn、David Kelley、George Kembel、Kim Kendall Humphreys、Hannah Joy Root、Erik Olesund、Bernard Roth、Sarah Stein Greenberg、Mark Grunberg、Alberto Savoia、Lisa Solomon、Terry Winograd和Susie Wise，他們對於教學的創意和承諾不斷鞭策著我。

很重要的是感謝所有與我一起開心學習的學生，包括梅費爾德計畫獎助生、德豐傑企業領導力獎助生（DFJ Entrepreneurial Leadership Fellows）、高陞創新學人（Accel Innovation Scholars）、醫療器材創新研發計畫獎助生、設計學院新生訓練中心和暑期班學生，以及曾選修我的創造力和創新課程的所有學生。他們所展現的創業精神不斷超越我的期望。

還有很多人讀過這本書各個發展階段的草稿，提供了寶貴的回饋意見，包括Ramya Balasingam、James Barlow、Sylvine Beller、Peggy Burke、Katherine Emery、Carol Eastman、Gregg Garmisa、Gerardo Gonzalez、Jonah Greenberg、Grace Isford、Boris Logvinskiy、Beata Petkowa、Patricia Ryan Madson、Juliet Rothenberg、Ali Sarilgan、Jerry Seelig、Lorraine Seelig、Anand Subramani和Eric Volmar。他們的評論和建議很有幫助，對本書的發展產生很大的影響。

即使得到這麼多人的支持，如果沒有HarperOne出版公司的Gideon Weil提供指導，這本書不可能成形。他是出色的教練、絕佳的老師和很棒的編輯，過去十年來每次和他談話，我都學到很多新東西，因此總是很期待接到他的電話。此外也要感謝本書第一版的編輯Lisa Zuniga，以及十週年版本的編輯Mary Grangeia和Dianna Stirpe，他們都有很棒的編輯技巧，與我一起潤飾文字時，確認所有故事的重要細節都沒有遺漏。

還要特別感謝Mark Tauber，在多年前那次長途飛行的旅程中與我結為好友。這個故事是很好的提醒，你開始與別人攀談時，永遠不知道接下來會有什麼樣的發展。

而在我個人方面，我想對外子麥克大聲說出心裡的感激，他一直是非常寶貴的夥伴和顧問。我非常感激麥克提出各種有用的建議、無條件的支持和無止境的鼓勵。還要特別感謝我的父母，為我打下良好教育的基礎，在我的整個人生中扮演好榜樣和好老師的角色。

最後，我要好好感謝喬許帶給我的靈感，讓我列出一張清單，寫下自己希望在二十歲就明白的事。這些年來，對於如何在這個世界上找到自己的定位，他一直提供許多深思熟慮和令人興奮的見解，他的智慧不斷令我感到驚嘆。這個新的版本也是我送給喬許的三十歲生日禮物。生日快樂……還有未來更多生日都快樂！

新版推薦文

創業精神，結下一生的緣分

Mr. 6劉威麟（網路趨勢觀察家）

想到史丹佛，就想到「創業精神」，這一點，我可以作證！史丹佛畢業的我，臉書上的友人有一半是史丹佛的老同學，其中至少有一半的人自行創業。和他們比起來，我其實是最糟糕的創業者。

多糟糕呢？

好久好久以前剛回台灣，走進一間創投辦公室，慷慨激昂地向對方報告了一小時，創投大老語重心長地說：「年輕人，你不適合創業。」

這句話就像烙印，一直賴在我心中不走，時不時出來踢我一腳，但不知為何，我從沒放棄過。我將心中的創業熱情拿來燒鑄成一個文字部落格，寫了四千篇對創業的憧憬，一位也是來自名校留學生回應我一篇批判：「你沒創業成功過，憑什麼寫創業？」看來，創業的門檻還真高，處處都有人說我不適合創業或不配創業，但可能「史丹佛中毒」太深，我從不覺得自己做不到，即便多年後，他們或許表面上是「對」的，我的確從來沒有真正創業成功過，也不像標準矽谷年輕人早早賺大錢，從創業家變企業家再變投資家。過去二十年來，我到底做了什麼？

你是否也曾這樣懷疑自己的人生？或許，這也是你可以透過《真希望我20歲就懂的事》得到的啟發。

所謂體現史丹佛的「創業精神」，不限於立大事、賺大錢，更美麗的是在自己人生的處處，用新的創意開拓新的體驗，走出一條更漂亮的新路；人生處處皆機會，因此天天活在夢想包圍的泡泡中，更快樂也更有精神。史丹佛和其他任何學校、公司、組織文化最不一樣的，就是它給了所有曾和它一起生活的人，一種隨時隨地都想「Just do it」（說做就做）的「勇氣」。而多年後我才領悟到，史丹佛的創業精神不是教我成功，而是給了我這份「勇氣」。

我從史丹佛畢業後便創過不少瘋狂的點子，包括減肥網站、掃描老照片服務、五小時到府修電腦、每天寫公開日記……，最瘋狂的是後來我的婚姻出了問題，便自辦了一系列離婚活動，安慰離婚者的心靈。事實是，我在辦離婚專業講座時根本還沒離婚，只是看到這個市場以及太多需要幫助的人。許多人說我瘋狂，但我想如果他們能讀到希莉格的這本書，就知道我的瘋狂就只是源自美國加州舊金山灣區那座校園的傳統罷了。

現在我已四十五歲，回顧過去二十年，因為史丹佛，我發現自己在人生所有可以把握創造的時機，真的都牢牢把握住了！以前我不知道這樣也能叫做創業，今天我終於能用這本書告訴自己，一切都合理了，史丹佛代表的不只是創業精神，或許它更應該是「結下一生的緣分」。

新版推薦文

一本改變人生態度、化失敗為養分的書

邱彥錡（SparkLabs Taipei國際創投暨新創加速器創始管理合夥人）

我們在求學、工作、創業、育兒旅程中時常遭遇不順遂，抱怨資源不夠，面對挫折感到氣餒，認為自己懷才不遇、處於逆境。我十年前正處於工作低潮期，感覺自己有志難伸，做事提不起勁，直到讀了這本書，改變了我看事情的角度。

正如玻璃杯裡有半杯水，悲觀的人看到的是杯中只剩半杯水，樂觀的人則看到還有半杯水。在我們生活中所體會到的不方便，以及遇到使用者的抱怨不滿，其實都是珍貴的商機，哪裡有「痛」點，哪裡就有商機，而且這痛點愈難受，機會就愈大。

書中提到，Google共同創辦人賴利．佩吉（Larry Page）在演講中鼓勵聽眾採取「不要說不可能」的心態，就是影響我很深的觀念。我創辦「SparkLabs Taipei國際創投暨新創加速器」，透過早期投資來加速新創公司進入國際市場，在培育創業家時正是給予相同的信念：在還沒被拒絕前都有機會，甚至即使被拒絕，我們也不應止步，因為機會還是存在，只是晚點才來。這般信念造就旗下創業家永不放棄的精神，成就他們成功擴展海外市場並屢創佳績。

亞洲社會向來習慣歌頌成功，過往的教育教導我們，問題是有標準答案的。但現實生活可不是這樣，當你愈想要完美成功、擔心多做多錯，就會愈害怕嘗試，於是試圖走別人走過的路，套用社會期待的模板生活。又或者學生畢業時，總會參考畢業生最愛企業排名和學長姐就業志願序，來決定自己畢業後的第一份全職工作，但這真的是最合適的安排嗎？在這本書中，作者婷娜．希莉格分享了「如何找到能發揮所長的工作」、「如何找到能力、興趣與市場所交集的黃金點」、「追求自己的熱情所在，做最想做的事」等，我覺得對學生與上班族都十分受用。

人生沒有標準答案，當我們看到周遭的人成功，第一時間常會產生自我懷疑。但自己才是人生劇本的導演，我們所擁有最大的資產就是時間與承擔失敗再次重來的機會。不妨思考一下自己想在三十年後成為什麼樣的人，回推二十年後、十年後以及現在應該專注做什麼，就能幫助你更接近目標。書中分享了每天改變所帶來複利力量、透過團隊協作達到目標，以及我認為最重要的習慣——幫助別人，都能助你更高效地達標。

此外，本書亦分享到在商務上如何透過談判達成雙贏、專注排序、競合關係等心法與具體建議做法，無論是工作、創業甚至家庭生活都十分受用。對我而言，這是一本工具書，也是一本讓人轉念的勵志書，十年前讀到此書，讓我離開外商踏上創業之路，正因為秉持著樂觀積極的態度，把遭遇失敗當進補強身，我將大公司尋覓新商機、台灣產品拓展國際市場、新創獲得投資收購的經驗等，集結並傳承以培育更多新銳創業家，就是希望為社會創造更多正面影響力。

閱讀這本書將能帶給你嶄新的人生態度，彷彿換了一副眼鏡，即使看的是一樣的風景，帶來的卻是新的視角、新的體會和新的感受。不管你現在幾歲，你的嶄新人生將在閱讀完本書後展開。

新版推薦文

不一定要創業，但要有創業精神

曹玉婷（台大醫院北護分院家醫科主治醫師）

身為一名醫師，處在「醫療」這個最重視傳統、最不能冒險的領域，似乎與本書的核心「創新」、「創意」沒有太大關聯，但我的工作經驗告訴我，即使在保守的醫療產業，創意與創新仍是不可或缺的能力。

本書作者婷娜·希莉格是史丹佛大學的神經科學博士、科技創業計畫執行長，她在書中闡述史丹佛的「醫療器材創新研發計畫」如何培育醫療科技創新人才。我們在台灣行醫，也會關注日常遇到的重大問題，釐清實際需求，設計解決方案，在這樣的過程中必須發揮創意、力求創新，才能達到「提升醫療品質」及「維護病人安全」的重要目標。

身為兩個孩子的媽媽，我對本書許多篇章更是深感共鳴，書中有太多觀念與技巧，是我已經運用在親子教養上的。例如作者在這本全新擴增修訂版增加的其中一章，就舉了很多實例，展示如何在這個快速變遷、緊密互動的世界，培養談判協商的能力與團隊合作的心態。

一個家庭就是一個團隊，大人與孩子的需求常常不同，也都可能隨時間改變。我們如何透過成功的協商，找到彼此最大的共同利益與目標，相信是每個用心的父母都在面臨的挑戰。談判學中的一個術語叫做BATNA（Best Alternative to a Negotiated Agreement，即「談判協議的最佳替代方案」），就是我曾運用的觀念，幫助我思考所有家庭成員的需求並進行協調，它也出現在本書新增篇章，邀請大家來讀讀作者提供的實際案例。

又例如作者提到職場上「失敗履歷表」的概念。我們在陪伴孩子面對挑戰時，也免不了失敗經驗，但我常常鼓勵孩子：「我們只是還沒有成功，重點是從這次失敗學到什麼經驗？」玩遊戲或比賽輸了，感受一定不好；想達到的目標沒有順利完成，挫敗在所難免。但是在我陪著孩子消化情緒之後，我們可以不要停留在悔恨，可以積極分析這次的失敗，就像科學家做實驗，也常常得到「失敗」的結果，但每次的「失敗」都能告訴我們新的資訊，逐步堆疊出極具價值的發現與洞見。

不只推薦這本書給二十歲初入職場的年輕人，也推薦給三十歲、四十歲所有重視家庭生活或個人發展的你。你不一定要創業，但一定要有創業精神，尋找可以轉變為機會的問題，發揮創意，善用有限的資源達成目標，帶著身邊的人一起邁向更好的未來！

新版推薦文

卸下限制創意的框架

程世嘉（iKala 共同創辦人暨執行長）

這是一個充滿問題和機會的世界，或者更直接地說，一個問題就代表一個機會。

創業超過十年，同時具備新創公司 iKala 的經營者和新創投資人兩種身分的我，多年來觀察到最有趣的一個現象就是：幾乎每一家新創公司，到頭來都會長得和原本想像的不一樣。而決定一家新創公司能否生存的關鍵，往往是創辦人是否不斷發掘值得解決的問題、絞盡腦汁提出創新且可規模化的解決方案，進而為顧客創造價值。

台灣企業一直以來的角色是全世界的供應鏈夥伴，隱身在產業的幕後，只要在生產供應鏈中安安靜靜地占好自己的位置，不用擔心品牌，不用直接面對消費者，也不太需要擔心產業上下游的不確定性。因此過去幾十年來，培養出一批全世界最會解決問題的工程師，一個問題只要定義好丟過來，我們絕對會努力拿出漂亮的解決方案，牢固自己在產業中的信賴地位。在Google工作的經驗中，我發現台灣頂尖工程師的實力與全世界的頂尖人才並無分別，解決問題的能力都是一流的。

在史丹佛大學念書時，我也觀察到同樣的現象。來自台灣或亞洲的學生考試能力一流，無人能敵，但是做一個自由度比較大的專案時，卻常常做不過別人，總是好像少了什麼，那一點什麼就是「創意」。於是，「只會解決問題」就成了台灣產業面臨轉型時，人才普遍顯露出來的弱點。

台灣人很會解決問題，卻不太會定義問題；台灣人有很多小聰明和創新，卻不太會把這些聰明和創新做成規模化的生意。當世界局勢因為疫情、地緣政治、孤立主義、供應鏈斷鏈、隱私權抬頭、氣候變遷等重大議題而產生劇變之時，許多台灣的企業主不得不開始面臨轉型的挑戰。就在此時，企業主赫然發現問題都是別人定義的，當我們自己要走向台前面對不確定性、定義新問題並把答案賣出去時，卻發現當地的人才多數未受過這樣的訓練，既有的企業DNA也難以真正吸引到年輕創新有想法的人才，轉型於是陷入停滯和掙扎。

這是《真希望我20歲的懂的事》非常值得一讀的地方，雖然看似專門寫給年輕人，但無論老少都值得閱讀。書中一開始的經典案例（用五美元在兩小時內賺回最多錢），就是一個非常值得我們省思的教案，而史丹佛學生們提出的方案也令人拍案叫絕，這展現出史丹佛以及許多世界頂尖大學看不見的軟實力。每一個企業主都必須學習這種從零開始、跳脫既有框架的創新思維模式，才能真正收到轉型的成效。畢竟轉型除了牽涉到營運模式的改變之外，更重要的是重新定義和發掘商業問題，尋求新的成長機會。而其中，「創意」扮演重要的角色。

東方的教育往往強調升學和考試，條條框框都準備齊全，從小套到我們身上，塑造出一個「凡事都有正確答案」的教育環境。但真實的世界絕非如此，VUCA（volatility〔易變性〕、uncertainty〔不確定性〕、complexity〔複雜性〕、ambiguity〔模糊性〕的縮寫）一詞在九〇年代便已流行，現在每個組織和個人更是面臨高度的不確定性和變動性，因此把發揮創意培養成一種習慣已是刻不容緩。

重新定義問題、敞開心胸擁抱問題，將之轉換成機會，已經成為這個時代最重要的一項能力，對於能夠把發揮創意當成一種習慣而天天實踐的人，現在的世界充滿了無限的機會，而這本書清楚告訴我們具體來說應該怎麼做。我誠摯推薦給各位讀者，相信讀完之後，你已經拆掉了身上許多限制你創意的框架。

推薦文

真希望二十一年前我手上就有這一本書！

愛瑞克（《內在原力》作者、TMBA共同創辦人）

二十一年前，當我還是台大商學研究所碩士班學生的時候，與幾位好友共同出力將「台大管理學院研究生協會」轉型為「TMBA」社團，創立宗旨在於扮演校內同學與實務業界之間的橋梁，同時也串起歷屆校友與校內學弟妹的人脈資源，成為一個台灣MBA知識與經驗交流中心。這樣的轉型，會成功嗎？

草創第一年，台大商研所和財金所共有二十多位同學加入，並且成立了「TMBA基金」由校內同學獨立運作；幾年後，政大、清華、交大、中央、中正、中山、中興、陽明及其他十多所大學的學生也陸續加入；十年之內，幾乎全台灣所有商管相關研究所都有學生加入TMBA。二〇二一年，COVID-19本土疫情肆虐，社團招生改為線上進行，入社人數不減反增，創下七百多位同學入社的新高紀錄！

很多人問我，TMBA是怎麼成功的？我很難回答，因為它是個不受框架束縛的有機體，不斷進化，每一屆幹部任期僅一年，因此是累積二十一年的漸進改良而成，並非任何單一英雄人物的功勞。當我讀完《真希望我20歲就懂的事》，感到既驚喜又訝異，因為它解答了前述我難以回答的問題，同時也解開了世界上許多新創獨角獸企業成功的祕密。

作者開頭就提到，從自己在史丹佛大學開設的創新課程中獲得的三個寶貴智慧：一、問題愈大，機會愈大；二、極富創意的解決方案往往被視而不見；三、人們往往將問題侷限於既定的框架中。這就是許多傑出新創企業的著力點以及關鍵成功因素呀，而TMBA也是建立在這三大基礎上而創立的。作者接著提倡，要培養「T型人才」——那個T就是TMBA的T意義之一；又說「擁抱問題，打破框架」——TMBA沒有既定的組織架構，每年都可以按照需求而重設，而且是跨校組織，沒有疆界。

書中舉了許多實例，乍看之下令人驚訝又不解，看完之後卻能感到耳目一新。例如「將爛點子轉成好點子」、「寫下自己的失敗履歷表」，以前我也曾經想過這樣的構想，但此書給了相當具體的案例，以及執行的過程，讓我受益良多。

此外，書中有不少觀點與我的拙作《內在原力》相互呼應。例如「把厄運變成幸運」、「創造雙贏的局面」、「由自己決定看待世界的方式」，讓我讀來深有共鳴！我認為每個人一生中必定會遇到成千上萬的大小事件，總有好事、壞事以及不好不壞的中等事，總的來說，應該好比常態分布。但並不是我們遇到的事情本身決定了人生的好壞，而是我們如何去看待與回應的心態和決定，讓我們成為了不同的人，擁有境界不同的人生。

這本書談的不僅是企業創新的成功之道，同時也是幫助我們活出更好的人生之道。我真希望二十一年前創立TMBA當時就有這本書，可以讓我更早獲得這些寶貴指引，也省得我向他人解釋這麼多（請對方來看這本書就行了）；也希望回到二〇二一年《內在原力》還沒問世之前，將此書納入附錄的「延伸閱讀書單」。但一切為時不晚，我會將此書推薦給每一位渴求創造力的人，也會納入我下一本新作《原力效應》的延伸閱讀書單。

願創意與你同在！

新版推薦文

不要看自己沒有的，要看自己能做的

鄭俊德（閱讀人社群主編）

如果你手上只有五美元的種子基金和兩小時的時間，你要如何賺到錢？這五美元約等同於新台幣一百五十元，一杯星巴克、一客套餐，一眨眼就會花掉，真的能夠賺到錢？

這是書中史丹佛學生的課程作業，當然為了完成作業，各種答案都一一出現，有的賣產品，有的賣能力，更有的想用這筆錢去拉斯維加斯賭場試試手氣或買張樂透彩，或許能夠槓桿出可觀收益。

當然，聰明的學生發現不能把眼光聚焦在五美元，而是要想想如果一無所有，自己能否創造出奇蹟！

因此同學們開始大顯神通，運用課程學習到的各種商業策略伎倆。最後結果出爐，最好的成績甚至槓桿出百分之四千的投資報酬率。

如果把同樣的作業交給你完成，當你一無所有，手中只有一副爛牌，你會如何運用有限的資源創造出新的價值，甚至養活自己的收入？

過去，我也曾和幾位好朋友舉辦過類似的活動，邀請了約四十位年輕朋友一起參與冒險課程，而這堂課就是參考書中案例，每人發下一支迴紋針，一樣是兩個小時的時間，透過一次次地交換，看看最後大家能用迴紋針換回什麼東西。

經過兩個小時，有的學員換回了一把傘、一份餐點，厲害一點的甚至換回一條別人脖子上的項鍊。其中讓我印象最深刻的是，有人換回一群同學也想來參與我們的活動，聽聽我們的冒險故事。

課程討論中，我們都深刻學習到，原來資源可以透過交換而流動，並且真的可以無中生有。如果只聚焦在眼前的迴紋針，想著利用它來變現，這幾乎是個玩笑。但如果理解到真正的價值是我們自己，就能有無限可能。

這本書在二〇〇九年出版時就大大幫助到我，給了我很大的激勵與啟發。如同我後來在創業之餘成立了「閱讀人」社群，這也是一個無中生有的過程，沒有資源、沒有背景、沒有身分，靠的是累積、分享、貢獻、交換；閱讀人現在已有百萬讀者粉絲加入，並且創建台灣最大的線上讀書會社群「閱讀人同學會」。

在社群發展中，也多次經歷許多無中生有的冒險，包括沒有太多資源卻異想天開地舉辦了獎金數十萬的網路文學獎，還進行了數百人參與的交換閱讀路跑、吆喝網友到大安森林公園開草地讀書會、讀完環保故事決定舉辦數千人同步進行的全台淨灘讀書會，以及現在進行式的閱讀人好事計畫等，每個計畫都是在有限資源或沒有資源下一一達成目標，甚至超越目標。

這些都是透過書中的啟發，讓我理解到不要看自己沒有的，而要看自己能做的，透過合作、互惠、共贏思維，一切都有可能。書中也提到了把餿主意變成好點子的做法、生活中處處是機會的啟發，以及如何成為幸運的人等等，這些都是人生要學的功課。

人生有許多不確定，能夠愈早讀到這本書愈好，儘管不確定的未來可能在危機影響下讓我們變得一無所有，但懂得運用這本書的道理，了解自己的價值與專業，你永遠都能東山再起。

初版推薦文

我是可以改變的！

曾志朗（中央研究院院士）

我高中在高雄讀書，算是個比較皮的學生，因為來自山裡的鄉鎮，放縱不羈，一直不很習慣城市裡的規矩，到了週末，更是坐立不安，絕對不會和其他同學一樣乖乖在家裡做功課拚聯考，總是一大早就騎腳踏車出門和幾個一樣野的同學，到西子灣最遠，海水最深，最沒有其他大人出現的地點游泳，累了就躺在沙灘上，舒舒服服望著天上的藍天白雲。沙灘上可做的事不多，有同學在近水的沙上隨意寫字、畫圖，也有的同學一時興起在沙上演練幾何證明題，苦思半天，時間一到，海水一沖，不見了，再來！我坐在一旁看著，隱隱感覺到，同學的解題能力好像一次比一次好一些了。是因為清新的空氣，因為遠離市囂的喧嚷，心靈空明沉靜，人變得聰明了？還是因為海水把錯誤的演算沖走了，讓解題者沒有舊包袱，而重新「放腦一搏」？

我那時候往往等不及浪潮湧上岸邊，手裡提著一桶水，嚷嚷著「水板擦」來了，立刻就把水潑過去，水流量不均勻，在沙灘上造成不同的渠道，有的深，有的淺。我很著迷的再挑一桶水沖，再沖，又沖，結果淺的渠道不見了，深的渠道更深了，而且水都往這深的渠道走，漸漸形成小水溝。看到那樣情景，我自己是有些震撼的，我好像因此悟懂了一些道理：同樣的事學習越多，基礎會越穩固，但副作用卻是越來越走不出那固有的渠道了。「熟」如果不能「淨空」，只能重複舊有的習慣、動作或思想，是不可能生巧，更不可能有新意的！

幾十年來，我在學術研究上的主題，其實都著重在探討人類認知系統的結構與功能，以及其運作的流程和彈性。我發現西子灣海灘上的比喻，一直是我所想釐清的認知運作的寫照。長期記憶裡的內容組織越緊密，越不會忘記，但越不會忘記，就越不可能有創意，所以反組合（disorganization）可能才是創造力訓練的主要途徑。

政府的組織與運作也有異曲同工之處！組織愈好，效能增加，但公務人員就很容易安於現狀，只在回應問題，而沒有主動出擊的想像力了，如果外在環境沒有競爭的壓力，則整個公務系統應付一般事務得心應手，但對突發事件的應變能力，就會捉襟見肘，提不出新的遠景了。新加坡的公務運作一向被稱道，但近年來在提升未來全球競爭力的壓力之下，創造力教育成為全國施政的重點，甚至不惜改變舊有的價值概念（開放賭場），更重金禮聘各領域曾經展現過創造力的大師們，齊來營造培育創造力的文化環境！

台灣的學術界也一直陷在「當局者迷」的框框裡，大家口說手寫都強調跨領域研究的重要，但國科會推出多少整合研究案，多數以組合案結案！大學院校內的整併困難重重，眾所皆知；校際整併更是難如上青天，說是因為各校的「文化」不同，但其實是本位主義作祟。

更明顯的另一個例子，是文化創意產業這個新興的整合大業，多年來的推動窒礙難行，文化界說不懂產業運作，產業界說不懂文化人的思維方式，而連結兩方的創意橋梁卻從來沒出現過，各方都指責成效不佳，都說提出的構想很「不好」，很「沒有用」！

婷娜．希莉格的這本書對所有這些「本位」、「保守」、「安分」的心態，應該有所啟發：創造力是可以被教育出來的，只要在教育的歷程上把握一些原則，加上好的老師有能力跟心態去引導挑戰！

當然，培養自己的創意能力，常常就是要改變心態，不停練習把失敗的案子轉型，也許轉變後也不會成功，但至少把失敗的成因做了仔細檢視，然後針對每一個成因尋找替代方案。婷娜所提的這些原則，太多的勵志書都提過，但這本書敘述她的教學經驗，重點是學生們做了沒有？討論了沒有？提出新的「餿主意」沒有？是不是真的去執行？能不能去體驗由構思到執行的歷程？有沒有去比對別人推出的方案，然後由衷說出「啊哼！那個方法不錯！」的感覺？

我鼓勵二十歲的年輕人好好地閱讀這本書，不是去記憶那些故事，也不是去背誦些原則，而是從中建立一個一生受用不盡的心態：自己是可以改變的！即使你不再二十歲，或過了兩個、三個二十歲，也不妨拿起這本書，仔細去體會婷娜所說的一個故事。看完放下書，讓心靈澄淨，然後回顧自己一生的行事，你也許也會說：「我是可以改變的！」

我推薦這本書，還很希望所有人才培育的機構，包括學校的老師、企業界的研發長，管控公務員訓練的人事主管，都能以他山之石可攻錯的精神，把書中一再闡述的實作式腦力激盪模式，納入人才培育的教學裡。但我也不得不點出這本書美中不足之處，在眾多精采的「化腐朽為神奇」的過程中，幾乎看不到婷娜對社會倫理意識有所關照。舉個最明顯的例子，其中一個被稱讚的學生方案，基本上是「賣黃牛票」的提案，但婷娜卻未思及並引導學生思考：這個「創業」對於所有依法排隊買票的顧客是否公平？婷娜在鼓勵創意（創業）的教學裡，是否一再灌輸為了獲得最大效益，而可以不顧社會正義的隱藏性概念呢？當然，走出舊思維的框框是創新的要件，但在突破規範的同時，也不能忽略創業「文化」的養成呀！我在此提醒，並不是要提什麼「規範」！這是品味（taste）的問題，畢竟，創意哪能沒有品味！[53]

53 編註：在本書的「全新擴增修訂版」中，作者希莉格針對許多讀者提出「黃牛票」的質疑做了說明，請參註釋2。

初版推薦文

從「高識字率」轉型到「高創意率」的社會

姚仁祿（「大小創意」集團創辦人）

上世紀初期，培養國民的「識字能力」是基礎教育界最努力的目標，因為提高「識字率」，就是以國家之力，透過基層教育，培養較多具有表達與認知能力的人民。因此，「識字率」提高，等於國家競爭力提高。

「創意率」則代表一個國家具有「創意思考能力」人民的多寡，因此培養人民的「創意能力」，也將如同上世紀的識字能力一樣，成為本世紀初期基礎教育界提振國家競爭力的主要目標。

為何「創意率」多寡影響國力？

原因很明顯，上世紀末二十年，全球經濟已逐步轉型為知識型經濟，而知識型經濟的國家核心競爭力，便是人民能否以創意能力處理全球共有的知識，創造出差異化的文明與文化。因此，高的「創意率」就代表較高的國力。

可惜以華人社會的教育方式，提高「識字率」容易，提高「創意率」很難。原因何在？因為教育界與家庭都不懂「創意能力」怎麼教，因此長期以來，我們透過教育，把充滿創意的兒童心靈教成失去創意能力。

華人社會的基礎教育界習慣有答案的教學，也習慣以有標準答案的考題來測驗學生的能力。

識字能力以這種方法教學，當然很好，因為標準答案總會有的；然而，創意能力不能這麼教，因為創意能力的測驗，多數無法提供標準答案。

因此弄清楚以下幾個問題，對家長、老師與有志創意工作的讀者都非常重要：

一、「創意能力」究竟是什麼？

二、「創意能力」究竟能不能教？

三、「創意能力」究竟怎麼教？

四、如何分辨和量測學生的「創意能力」？

本書作者婷娜．希莉格以她在史丹佛大學實際從事創意教學的經驗，透過許多深具啟發性的真實故事，有效地提供了思考上述四個問題的方向。

對於「創意能力」的定義，作者的核心論述有二，也是我們社會不習慣的見解：

一、好的創意心靈，必須具有「接受模糊目標」與「勇敢經營無法預測的未來」之雙重能力。

二、好創意的基礎，一定來自「長期深入的思考」與「大量累積失敗」的過程。

至於「創意能力」的測驗，本書有許多好例子，例如發給學生橡皮筋，請學生限時實作，盡可能發揮這樣東西的最高價值；學生受到鼓勵後，令人驚嘆的發想實例很值得我們思考與揣摩。

感謝遠流王榮文發行人介紹我《真希望我20歲就懂的事》這本好書，我在兩天忙碌行程的夾縫中，從第一頁到最後一頁，用心讀完。感謝本書的出版，讓我更篤定地擁抱我近幾年的創意信念：「偉大的創意，都要丟掉地圖，勇敢的航向未知。」

初版推薦文

創業教育的莫札特

溫肇東（政大科技管理與智慧財產研究所專任教授）

當榮文兄邀請我為《真希望我20歲就懂的事》寫推薦文時，我馬上就答應了，因為作者希莉格在書中所講的內容，有許多也是我這幾年教學與研究的重點。我們擔任的角色也類似，教授創意、創業的課程，指導學生撰寫事業計畫書，在創業競賽中擔任業師與評審。但我必須承認，她的熱情與創意遠遠超越我曾做過的，在課程的設計及內容的安排上，尤其是給同學的多元創意啟發，她都能夠如此就地取材、即興的提點，這可能和她的背景及所處的環境在矽谷有關。

我認為本書最重要的主旨是：熱情不只是年輕人的本錢，對一件事情專注付出，日有所思、夜有所夢，這是對愛情、學問、事業卓越成功的發動機。年輕人應提早認識個人對人生「最終極的關懷」，認真做你所愛，然後讓它變得有價值；認真是一定要，但又要能跳出框框，才會讓你有洞察力，發揮見人所未見的創意。金融海嘯帶來的世代交替，使年輕人要更早準備接棒，未來是屬於年輕人的。

這本書源自作者想跟她的小孩分享一些經驗與心得，我和我的小孩比一般台灣的父子間算是有較多的溝通與分享，我也曾試著要傳遞一些我認為他在二十歲前後應該知道的事，但我承認本書作者提供的案例更為生活化，所點出的重點更為精準。

我對矽谷新興科技創業聖地的搖籃史丹佛大學並不陌生，其實我二〇〇九年才推薦一位台灣電機系的博士後研究員到史丹佛的「醫療器材創新研發計畫」培訓課程。政大科管所在二〇〇〇年拜訪史丹佛的創業中心，二〇〇七年也拜訪他們的「Media X」計畫。

政大科管所從創所第一年就邀請吳靜吉老師開設「創造力思考」的課，我時常和吳老師在檢討，科管所的學生是否因此真的較有創意？後來我們發現，誠如作者在第二章最後所說的：他們變得較有自信，能將周遭的問題轉化為機會。

史丹佛不只是科技產業創業的搖籃，在「社會創新」方面，史丹佛也是領先的學校之一，甚至已有學術期刊。「社會創新」所需的利害關係人、交換機制、情境、機會（People, Deal, Context, Opportunity, PDCO）模式和營利事業並無太大差別，只是所創造的社會價值應比經濟價值大，其實在未來等待的人才也強調「意義勝於賺錢」。

在過去幾年內，雖然我因「時代基金會」的關係，和麻省理工學院（MIT）的創業中心及「MIT 100K」創業競賽有較多的互動，不過回想起來和史丹佛的互動也不少。記得由史丹佛大學與德州奧斯丁大學等發起的「創業教育圓桌會議」（Roundtable of Entrepreneurship Education, REE）在二〇〇三年到新加坡舉辦第一屆「亞洲創業教育圓桌會議」，我也曾前往參加，當時就已聽過本書作者希莉格有關「史丹佛科技創業計畫」的演講。

雖然史丹佛處於高科技創業的聖地，但作者希莉格在書中所舉的例子並不完全是科技產業的創新，更多是一般的態度，她提出的創新個案從迴紋針到太陽馬戲團都有，因此本書除了可以給二十歲前後的大學生及早打通任督二脈，也適合所有教授創意、創新與創業的老師，更適合不同年紀想要創新與創業的人。

實戰智慧館 521

真希望我20歲就懂的事

史丹佛大學的創新×創意×創業震撼課程

作者 —— 婷娜・希莉格（Tina Seelig）
譯者 —— 齊若蘭、王心瑩

主編 —— 陳懿文
封面設計 —— 王瓊瑤
內頁設計編排 —— 陳春惠
行銷企劃 —— 舒意雯
出版一部總編輯暨總監 —— 王明雪

發 行 人 —— 王榮文
出版發行 —— 遠流出版事業股份有限公司
104005臺北市中山北路一段11號13樓
電話：(02)2571-0297　傳真：(02)2571-0197　郵撥：0189456-1
著作權顧問 —— 蕭雄淋律師

2009年 9 月10日 初版一刷
2024年 5 月15日 三版四刷
定價 —— 新台幣420元（缺頁或破損的書，請寄回更換）

ISBN 978-957-32- 9663-8
YLib 遠流博識網 http://www.ylib.com　E-mail:ylib@ylib.com
遠流粉絲團 https://www.facebook.com/ylibfans

WHAT I WISH I KNEW WHEN I WAS 20: A Crash Course on Making Your Place in the World, 10th Anniversary Edition by Tina Seelig

國家圖書館出版品預行編目（CIP）資料

真希望我 20 歲就懂的事：史丹佛大學的創新 X 創意 X 創業震撼課程 / 婷娜 . 希莉格 (Tina Seelig) 著；齊若蘭、王心瑩譯 . -- 三版 . -- 臺北市：遠流出版事業股份有限公司 , 2022.08
面；　公分
譯自：What I wish I knew when I was 20 : a crash course on making your place in the world, 10th anniversary edition

ISBN 978-957-32-9663-8(平裝)

1.CST: 生涯教育 2.CST: 創意

528.4　　111010427